黃金**90**秒
情緒更新

頂尖心理學家教你面對情緒浪潮，
化不愉快為真正的自由與力量

Joan I. Rosenberg

瓊恩‧羅森伯格——著 鄭百雅——譯

本書讚譽

「瓊恩提出來的方法簡單、實用又有效，那是每個人成功路上的重大突破。想要有不動搖的自信去追求自己的目標與夢想，這本書將會引領你。」

——傑克‧坎菲爾（Jack Canfield）
《心靈雞湯》（*Chicken Soup for the Soul*）系列叢書
及《成功法則》（*The Success Principles*）共同作者

「在一生中，我們總會不時遇到能夠顛覆傳統智慧的人。瓊恩‧羅森伯格博士是優秀、心懷悲憫的臨床心理醫師，她的書為人們帶來啟發，邀請你我做最真實的自己，完全成就最好的那個自我。對於任何一個想要提升生命、感情和事業的人來說，這本書將會成為改變遊戲規則的關鍵。」

——朗‧霍華（Ron Howard），導演、製作人及演員

「就像許多人一樣，瓊恩‧羅森伯格博士也是我的救命稻

草……當你終於明白恐懼並非你的敵人時，就會產生一種很特別的希望。除非你親自體驗，否則很難想像短短的九十秒可以為你帶來多大的變化。」

——JJ・維珍（JJ Virgin）

紐約時報暢銷書《維珍減重食譜》（*The Virgin Diet*）及《維珍的低醣減重飲食法》（*JJ Virgin's Sugar Impact Diet*）作者

「這是一本前所未有的突破性作品，只用一個簡單概念，就能激勵、改變及提升你的生活。」

——瓊恩・波利森科（Joan Z. Borysenko）博士

《關照身體，修復心靈》

（*Minding the Body, Mending the Mind*）作者

「瓊恩・羅森伯格對人際神經生物學這個跨領域的學科，見解深刻，是個非常棒的老師，她用幽默的方式具體地解釋了精神治療與人類發展的過程。」

——丹尼爾・席格（Daniel J. Siegel）博士

第七感研究中心（Mindsight Institute）執行長

《第七感》（*Mindsight*）、《青春，一場腦內旋風》（*Brainstorm*）

和《人際關係與大腦的奧祕》（*The Developing Mind*）作者

「《黃金90秒情緒更新》是不可錯過的一本好書。想想看，擁有堅定的自尊和強大的情緒力量，將會為你的生活帶來多大的不同。這本書就像一張地圖，而瓊恩‧羅森伯格博士是最完美的嚮導。」

——布蘭登‧博查德（Brendon Burchard）

《自由革命：你要被現實征服，或是活出自我？》

（*The Motivation Manifesto*）及

《黃金人生的入場券》（*Life's Golden Ticket*）作者

「羅森伯格博士創造了一種奠基於傳統方法及堅實科學的新技巧，可以作為任何一種療法的輔助手段，取得穩定的正面成效。我強烈推薦！」

——路易斯‧科佐利諾（Louis Cozolino）

《大腦的療癒解密：從神經科學探索心理治療》

（*The Neuroscience of Psychotherapy*）作者

「無論你是想突破情緒瓶頸，或培養身為企業領導人的心理技巧，或想做一個真正獨一無二的自己，羅森伯格博士這本《黃金90秒情緒更新》都能提供你必須具備的洞察力。」

——潘‧亨得瑞克森（Pam Hendrickson）

《影響力的藝術》（*The Art of Impact*）作者

「這是一本能幫你了解並掌握想法、感覺和情緒的神級寶典，教會你如何活出生命的最佳版本。羅森伯格博士讓我們輕鬆成為自己的主人。我強烈推薦這本書！」

——約翰・亞薩拉夫（John Assaraf）

心智成長訓練機構NeuroGym主席兼執行長

《答案：每個人都有成功致富的DNA，啟動它吧》

（*The Answer*）及《擁有一切》（*Having It All*）作者

「偶爾會出現這樣一本好書，它能夠改變生活，讓生活變得更好。瓊恩為情緒這個複雜的主題做了出色的拆解，讓每個人都能輕易了解並掌握。她以溫柔、透澈的方式，讓人們突破一直牽制他們的困境，最終真正過上自己嚮往的生活。」

——博恩・崔西（Brian Tracy）

《自信的力量》（*The Power of Self-Confidence*）及

《想成功，先吃了那隻青蛙》（*Eat that Frog!*）作者

獻給我的父母，

謝謝你們賜與我生命。

謝謝你們犧牲自己，讓我過上更好的生活。

謝謝你們的耐心理解，和堅定不移的愛與支持。

獻給我的父親，

雖然寡言少語，卻帶著深深的愛意。

獻給我的母親，

妳是仁慈的示現，在漸長的歲月裡，

依然活出優雅、美麗和姿態。

妳為身邊的每一個人帶來啟發，

每一個被妳觸碰的靈魂都獲得鼓舞。

因為妳，我想要一天比一天更好。

目錄
contents

第二部：避開情緒陷阱

你在想什麼、怎麼想？錯誤的思考模式會造成
極大的破壞性，不僅妨礙你擁有幸福及快樂，
還會深入身體的每個細胞，形成健康隱患。

第 4 章╱辨識及應對情緒干擾

- 如何在情緒高漲時不失控？
- 切斷情緒的骨牌效應

第 5 章╱釋放焦慮，解除身心警報

- 焦慮與恐懼不同，精準了解你的感受
- 導向不同結果的情緒選擇題

第 6 章╱哪些思維模式會傷害你？

- 想法會撼動你的人生
- 測量你的負面思考程度
- 覺察你的思考模式
- 左右結果的情緒算式
- 停止嚴厲的自我評判

【推薦序】

九十秒，安全度過情緒暴風圈

　　我投身個人成長領域已經四十七年，在這麼長的時間裡，我和一群志同道合的朋友一起主持活動、授課，這些優秀的工作者包括：偉恩‧戴爾（Wayne Dyer）、萊斯‧布朗（Les Brown）、包伯‧普克特（Bob Proctor）、瑪莉安‧威廉森（Marianne Williamson）、狄帕克‧喬布拉（Deepak Chopra）、蓋伊‧漢德瑞克（Gay Hendricks），以及其他許多傑出人士。在個人成長領域，我是許多思想界名人的心靈導師，並曾應達賴喇嘛之邀，在三個不同的場合為他的和平計畫服務；我也曾和馬丁‧路德‧金恩（Martin Luther King Jr.）博士的兒女們合作推動非暴力運動，還曾在聯合國發表過三次演說。

　　瓊恩和我都擁有諮商心理學的學位，我是碩士學位，而瓊恩則是博士學位。在我們一起為個人成長領域耕耘的四十多年日子裡，瓊恩是從心理學的角度鑽研，而我則更專注於從靈性面去理解成功。

　　我還清楚記得第一次和瓊恩的長談，那是二〇一三年九

月，我在牧師老宅（The Old Manse，愛默生故居）的草地上，和她談了整整一個小時。由於種種原因，瓊恩完全抓住了我的注意力。這是我們第一次對談，她溫柔客氣、輕聲細語，也帶點矜持，她的溫暖、機敏又極具洞見的回應，倒是讓我留下了很深刻的印象。那時的我，正為美國和諧體驗計畫（Concord Experience）帶領一個個人成長培訓營，旨在幫助人們對先驗主義（Transcendentalism）有更深刻的理解，也是美國對全球神學知識發展的貢獻。

那天在我們談話時，瓊恩拿出了一頁圖表，向我說明她二十五年來的研究，也分享自己對個人成長及幸福的看法——其中包括如何培養堅定的自信心。在我多年的研究生涯裡，從未見過如此簡單卻效果卓著的方法，能為人們帶來「真正」的轉變。

《黃金 90 秒情緒更新》這本書，就是那一頁圖表的完整內容。我一看到就知道，瓊恩透過這本書描繪出一個非常重要的過程，好讓讀者能夠按圖索驥，一步步跟隨。

瓊恩提出的概念是如此簡單，卻又實際可行——只要在當下全然地體驗，就能在短短九十秒超越難受的情緒。而且，絕對有效。

瓊恩把這樣的技巧稱為「羅森伯格情緒更新」，你需要的只是一小段時間——九十秒，以及對八種不適情緒的耐受能力。

最迷人的一點是，這樣簡單的概念可以應用在大多數人經

常遭遇到的各種情緒困境中。處理好這八種不舒服的情緒，不僅能為我們帶來更強大的情緒力量、自信及復原力，還可以有效降低焦慮，終結嚴厲的自我批判，更輕鬆自在地表達自己，而且不再害怕失敗。根據我的經驗，每一個人都能從中受益。而這不過是剛開始而已！

為了幫助我的學生與聽眾，也因為瓊恩在個人成長領域的諸多面向都有獨到的見解，我多次邀請瓊恩前來演講並提供培訓課程。此外，我也經常在課堂上引用她的九十秒技巧。

透過本書，你將能了解這九十秒技巧背後的科學原理、更加認識這些難受的情緒，並從瓊恩的獨到見解受益。這是她在這個領域耕耘數十年的智慧結晶，現在你有機會藉此書一窺究竟。瓊恩在這本書中讓我們知道，只要一個簡單的方法，就可以幫助你我度過煎熬的感受，以更健康的想法及行動來取代。瓊恩的策略和我的工作多所交集，我們都期望能幫助人們改變，過上自己喜歡的生活。不僅如此，瓊恩的方法和許多常見的心理治療手段，也能很好地結合在一起。

說到這裡，我忍不住想問：以往怎麼沒有人推廣過這樣的做法呢？這樣一個邏輯清楚、容易理解且絕對可行的技巧，為什麼還沒納入勵志課程、諮商訓練及心理療程之中呢？

本書提出的方法，不僅在學術上具有意義。當瓊恩用一個個例子來說明這些技巧時，我們也看到了這套系統用在現實生

活中的可喜結果，以及它如何發揮作用。接下來你將在本書看到的內容，不會是不知所云的深奧理論，也不是天真樂觀的「心靈雞湯」；《黃金 90 秒情緒更新》是一趟帶你走出難受情緒、有害思維模式的旅程，一步步走向真實、有意義、自信及高復原力的目標，成為更好的自己。

你手裡拿的這本書，很有可能是你此生「最」重要的一本書之一。你可以帶著好奇心先讀過一遍，再以學習手冊的角度細讀第二遍。你將會明白，只要一次次度過九十秒的關卡，就可以擁有自己真心熱愛的生活。然後，請把這本書推薦給所有你真心關懷的人。

我相信你將和我一樣，感謝瓊恩・羅森伯格博士帶來的獨特貢獻，讓我們得以擁有更美好的生活。

瑪莉・莫瑞賽（Mary Morrissey）
人生領航協會（Life Mastery Institute）創辦人

【前言】

八種情緒與黃金九十秒

　　如果你回想一下孩提或年少時期，每次團體活動時，是不是總會發現有一兩個落單的人？這些孩子多半內向孤僻，比起和大家一起玩，他們更常遠離人群，一個人待在角落。或許你就是其中一個。這些躲在牆角、被稱為「壁花」或「壁草」的人，看似在等待著別人注意到自己、主動過來說話，或邀請他們加入。

　　我小時候就是一個這樣的孩子。那時候的我很容易害羞，經常覺得不自在。我四歲就去了幼稚園，在班上永遠是年紀最小、個頭也最小的孩子，這樣的情況持續了很長一段時間。我經常都覺得尷尬、弱小，那個藏在內心深處的我總是如赤裸裸般地毫無防備之力。我清楚記得，我的小學老師總會特別叮嚀同學和我做朋友。我不僅脆弱、容易受到傷害，可能也是因為這樣而難以融入，還因此成為同學戲弄及霸凌的對象。這樣的體驗漫長得似乎沒有盡頭，貫穿我整個童年及青少年時期。

　　為什麼我不能加入他們，像其他孩子一樣玩得那麼開心

呢？我迫切地想要擁有大家都有的那些東西：快樂、自信和歸屬感。但直到很久以後，我才發現，自己的想法不僅天真，還錯得離譜。我以為只要能加入他們，就能擁有這一切。可惜的是，自信心沒有傳染性。不是待在這些人身邊，我就會神奇地感到一切俱足，或找到生活的樂趣。

並沒有什麼戲劇性或明顯的原因，能說明為什麼我無法像其他孩子一樣。我來自一個生活安穩、充滿愛的家庭；雖然我們也免不了像其他家庭一樣起起落落，但家中沒人有成癮習慣，也沒有心理疾病或暴力虐待等。我從未使用過毒品或酒精，也不曾暴飲暴食，沒有自殘，也不曾用任何方式傷害過自己。隨著年齡增長，我沒有因為瘋狂購物或賭博而迷失自己，也沒有任何一種強迫行為。

然而，即便上述情況都沒有發生，並不表示我沒有受過傷害。現在的我，之所以還能意識到我曾經以為沒有人理解、注意或聽見的情緒傷痛，有部分是因為我沒能完全地去體驗這些痛苦的情緒，部分則是因為我從未向他人表達過這些情緒。

十九歲時，我開始意識到可以如何改變，很大程度上，我是受到了兩個人生事件的影響。第一件事，是有人脫口而出地說我很無聊。這種不客氣的評語，就發生在夏令營結束前的車上，而說這話的人是我的輔導員。當時的我深受打擊，感覺就像有人拿叉子刺進我的肚子，還在裡面攪了一圈一樣，我的世

界因此天旋地轉。她漫不經心的一句批評，讓我陷入深深的反省中──我思索著，我是如何看待自己的，別人又是怎麼看待我的，而這些對我的將來又意味著什麼。即便她的評論令我痛苦，但換個角度來看，她也沒說錯。事實上，我不確定究竟是哪一點讓當時的我更痛苦：是她說的話讓我難受？還是我認知到的真相讓我不舒服？

我想弄清楚，她為什麼會這樣說，好讓我能做出相應的改變，讓其他人覺得我有趣又討人喜歡。不過，我想改變自己，不是為了想融入團體，或迎合某個人。那時的我更想明白的是，究竟是什麼樣的人才有吸引力、受人歡迎？我急切地想了解，為什麼輔導員的這句話會讓我這麼難受？尤其因為這一句話，才讓我開始用一種全新的角度看待自己。

第二個事件，發生在我二十一歲的時候──一位要好的朋友離開了人世。好友過世後，我**知道**我是悲傷的，也知道這是一個可以放心悲傷的時刻，但問題是，我**感受**不到自己的悲傷。當我意識到這一點時，就像是生命又給了我一個催化劑，促使我去留意並尋找答案。

每一個人，都可能在人生中遇到這種像挨了一拳的事件。這樣的經驗挑戰我們，或促使我們不得不改變原本的人生方向，覺醒成為真正的自己。對我來說，這些打擊及其他的痛苦經驗，促使我成了一名心理學家，並試圖去理解究竟什麼才能

真正幫助人們建立自信、發展情緒力量及自尊。我現在已經知道，每個人都可以創造自己喜歡的人生，就像我一樣，即便早年歲月充滿了無力、軟弱和自我懷疑，但長大後，我的人生卻有了全然不同的轉變。

或許你也覺得自己不屬於這裡，難以融入；或許你覺得自己格格不入，無法建立親密的關係；或者你感覺自己永遠無法實現想要的夢想或目標，並因此感到焦慮不已。你看著別人閃耀著自信的光芒，心裡不禁納悶：為什麼別人可以，我就不行呢？

你不需要陷在這樣的牛角尖裡。有個方法能幫你建立並維持信心，但首先，你必須有改變的意願。只要持續維持好注意力，你就能體驗到快速的進展，並逐漸改變人生，活出你想要的模樣。

◌ 羅森伯格情緒更新技巧

雖然聽起來似乎違反了直覺，但要培養自信、創造美好的生活，關鍵就在於掌控不適情緒的能力。當你有一種深刻的感覺，覺得無論遇到什麼樣的情緒，你都能處理好，你自然就會有自信。如果你能體驗並度過這八種不舒服的情緒，就能放手去追求任何你想要的人生目標。那麼，要如何度過這些情緒

呢？只要遵循這個簡單的公式——**一個決定、八種情緒**，以及**九十秒**。

> 當你確實知道自己能處理及掌控好
> 任何一種情緒，自然就會有自信。

　　我的一位熱心同事，把這個技巧命名為「羅森伯格情緒更新」（The Rosenberg Reset™）[1]。這個方法由三個步驟組成，而這三個步驟幾乎同時發生。

　　首先，你必須選擇「活在當下」，這意味著，你要盡可能地去覺知並接觸當下的所有體驗。一旦決定好後，就表示你願意把心打開，全然去接納接下來可能出現的各種感受，包括舒服的情緒，也包括難受的情緒。

　　其次，由於人們通常都很難面對不舒服的情緒，因此你必須確信自己有意願去處理或承受以下這八種常見的不舒服情緒：

◆ 悲傷

◆ 羞愧

◆ 無助

◆ 憤怒

◆ 難堪

◆ 失望

◆ 沮喪

◆ 脆弱

　　步驟三，你必須承受或度過（對某些人來說可能是忍耐）這些不舒服情緒反映在身體上的九十秒情緒浪潮，可能只有一波，也可能不止一波。這樣的身體反應可能包括面紅耳赤、心跳加速、揪心，或是身體向我們傳達情緒訊息的任何方式。能夠挺過身體的這些感覺以及這些感覺所要表達的情緒，是羅森伯格情緒更新非常重要的部分。

　　倘若你在這些經驗出現時，選擇抽離或轉移注意力，在接下來的生活中，你會很容易若有所失，總覺得心裡空落落的。讓自己時時刻刻都安住於當下，全心去體驗這八種不舒服情緒的任何一種所帶來的九十秒浪潮，就等於在與生命的力量建立連結。一旦能夠駕馭這個情緒更新的技巧，你就進入了一種鮮活的、真實表達的人生狀態，也就是為自己打造了一個真正想要的人生。

　　這個情緒更新技巧，能夠解決各式各樣的情緒困擾。擔憂、焦慮、害怕失敗、被他人評價的糟糕感受，都將不復存在。自我評判、貶低自己的自我對話、讓自己情緒低落的內心低語，也會消失得無影無蹤。放下長久背負的情緒包袱，能讓

生活變得簡單，也讓你更不受拘束地願意冒險、相信他人，你的心態將會變得更開放，也願意展現脆弱的一面，並且開始樂於改變。持續使用情緒更新技巧，堅定不移的信心、強大的情緒力量，更會成為你的新常態。

關於這本書

在你閱讀本書時，我希望你明白，我在本書用來描述那些不舒服情緒的字眼，是從每個人在日常生活中最常使用、最真實也最日常的用語中提煉出來的。我的這份清單是從我長達四十年的臨床工作，從我每天的諮詢個案及督導研究生的工作中整理出來的。在這段時間裡，我發現有些字眼太模棱兩可（例如痛苦、受到傷害、緊張、有壓力）；舉例來說，關於「受到傷害」的心理療程對話，可能無法為患者帶來真正的抒解。然而，如果對方能使用更具體的字眼來描述當下的感受（例如失望），通常就能夠出現一個「恍然大悟」的瞬間——就像有什麼在內心排隊等著被發現一樣。於是，通透感和平靜感便會隨之而至。

在這本書中，我會交替使用感受（feelings）和情緒（emotions）這兩個字詞，當然，這兩個字詞的複雜性和科學論點就

值得長篇大論地討論一番了。或許，對於我列出的這八種不舒服情緒，你可能覺得還可以增減一些，但這不是重點，因為本書最主要的目的，是希望你了解並學會這個九十秒的技巧。此外，我之所以特別選擇這八種情緒，是因為它們是我們日常生活中最普遍也最常出現的感受，而我選用的這些字眼也最能貼切表達。

除了情緒創傷，這個九十秒的技巧還可以完美用於處理**大部分**的情緒。事實上，通常不需要到九十秒。或許你會反駁說：「不可能，情緒停留的時間比九十秒要長太多了。」關於這一點，我會在後面章節好好解釋，為什麼情緒會盤旋不去。你也可以把這個九十秒的時間跨度，當成一個比喻，代表你往不舒服情緒前進的一小段時間。很多人告訴我，他們會跟自己說：「九十秒而已，我可以的。」九十秒，你當然也可以，不是嗎？於是，這樣的你就已經具備了自信、堅韌的品質，足以去應對真實的人生了。

《黃金 90 秒情緒更新》是一本兼具策略性及實用性的工具書，幫助你一步步建立情緒力量、信心及情緒復原力，安然度過那些最難捱的痛苦時刻。這既是一種情緒練習，也是一種生活哲學。為了說明情緒更新如何發生，你會在書中讀到一些人的故事，明白他們如何藉此做真正的自己來改寫人生。

我在本書提出的情緒更新技巧，能夠迅速帶來洞見，加速

並持續個人的轉型。它能幫助你擁抱自己的情緒，有能力去面對生命的阻礙。當你這麼做時，就是在放自己自由，讓自己能更無拘無束地去創造，過自己想要的生活。這是一個經過多次測試證明有效的方法，也是我個人四十多年來在以下單位的學經驗總結：南加州大學、加州大學洛杉磯分校，以及我現在任職的佩珀代因大學（Pepperdine University）教育與心理學研究所。《黃金 90 秒情緒更新》為你提供的，是能觸發改變、轉型和個人成長的一種驚人技巧。

現在，決定權在你。你可以決定，是否要發展內在核心的情緒力量，獲得自信，並活出真實且完整的人生。

改變人生，只要九十秒。你還在等什麼呢？

第一部

情緒更新技巧

羅森伯格情緒更新技巧來自一個簡單的配方:一個決定、八種(不舒服的)情緒,以及九十秒(情緒浪潮)。

打造自己想要的人生

　　還要更多。你是否渴望一個不一樣的人生，改變更多，或擁有更多？即便你已經達成所願、實現了夢想，是不是還有一部分的你總催促著自己往下一個目標前進？以我來說，在人生的道路上，我也曾經渴望擁有更多。但是，我不是想要有更多的物質享受，我的目標一直是想成為一個更好的人：更有知識、更有思想、更慷慨大方，以及更有愛心。儘管我在職場上已是個成功的專業人士，但我從未真正明白，為什麼我一直想要更多，直到我遇見了瑪莉・莫瑞賽（Mary Morrissey）——她是個人成長領域的前輩，是珍貴的人生導師，也是我親愛的摯友。瑪莉讓我第一次知道這個概念：生而為人，我們總是想要成為更自由、更充實和更擴展的自己，而生命也總是想透過你我被更完整地表達出來[1]。

　　先停下來花點時間想一想，你能如何實現上述這些渴望？想想下面這些問題：你想要怎樣的生活？如果你過著真正熱愛的生活，會是什麼樣子？[2] 和現在生活有何不同？你的健康狀

態如何？你的人際關係──情感、家庭及其他各種關係──又
是什麼樣子？你會經常跟誰在一起？你會經常旅行嗎？你會追
求自己的愛好嗎？你會如何使用時間？[3] 我知道，當這些問題
撲面而來，你或許會有許多靈感湧現。因此，我建議你拿出日
記本或筆記本，把腦中浮現的想法記錄下來。

> ### 筆記 1：你想要怎樣的生活？
> 花點時間回答以上的問題，並寫下來。

　　當我問客戶這些問題時，得到的回答都不一樣。有些人毫
無熱情，有些人則能鉅細靡遺地描繪想像的美好未來；也有人
一臉困惑，有無數的自我懷疑，不確定自己真的能成就任何夢
想。即便如此，大多數人都有以下幾個重要的回應：

1. 他們都渴望全身心地投入能讓自己感到有意義、能達到
   某些目的的事情中。
2. 他們都想擁有這樣的體驗：能夠影響他人，或有能力影
   響自己的人生處境。
3. 他們總是希望自己能夠更有自信、更有力量，不那麼容
   易受到日常挑戰的影響。

　　無論人們被建議了多少次要更有自信、更有自尊，卻很少有人能夠告訴他們實際應該怎麼做。放心，你真的能做到。事實上，你完全可以學到如何讓自己更有自信、更加強韌、更有復原力。

　　挑戰在於，大多數人相信是生活在影響他們，逼得他們不斷忙著回應生活中的各種難題與困境。如果你把生活看成是一連串的難題，那麼批評與抱怨，就會成為你用來回應這種嚴酷生活的策略。

　　人們往往沒有意識到，真的可以為自己創造一個想要的人生。一旦你開始設定明確的意圖，並據此行動來達成特定的目標，就會開始知道：你真的能對如何展開生活擁有發言權。事實上，許多人都是在積極追求目標或夢想的過程中，找到生命的意義。當你從自己的所作所為體驗到目的和意義後，通常就會感覺自己更像是一個讓生命得以完整實現的管道，而不是在困境中求生的受害者。協助個人成長的教練，通常會把這兩種完全不同的方式——回應與創造——分別描述成「被動默認的人生」（live by default）和「主動設計的人生」（live by design）。

　　這本書，就是在幫助你活出自己「主動設計的人生」。你可以參與打造自己喜歡的生活——一個讓你變得自信、情感堅定、熱情、有目標及高復原力的生活。這個過程將包括擁抱生活的每個面向：所有美好的、有趣的、愉悅的、快樂的經驗，

以及所有狼狽的、混亂的、意料之外的、不愉快的經驗。

不舒服的情緒是個人成長的禮物

　　大多數人都希望令人不舒服的情緒或念頭最好都不要出現，原因可能是它們真的太難受了，也可能是它們會引起某種程度的痛苦。這種逃避，可以靠轉移注意力做到，有些心理學家稱之為「經驗性迴避」（experiential avoidance）[*4]。然而，當你把注意力從不適感覺轉移到別處，實際上是在切斷能夠保護你或改善生活的情緒訊息。遺憾的是，當你總是習慣性地把注意力從不舒服或難受的感覺移開，逃避這樣那樣的感受後，往往就會導致焦慮、身體疼痛、脆弱和無助感。如果繼續轉移注意力，或長時間和真實的生活經驗脫節，就會經歷到更多的空虛、麻木，甚至是深入靈魂的抑鬱及沮喪，而和真正的自己離得越來越遠、失去連結。最終，情況會一天比一天嚴重，產生強烈的孤獨感、疏離感，或覺得生活毫無希望。

　　然而，事情也可以不必如此發展。如果深入靈魂的抑鬱是

---

* 編按：經驗性迴避是心理治療的專有名詞，指的是試圖消除或抗拒去接觸不想要的想法、情緒或感受，有時甚至會採取不好的措施，例如壓抑情緒、欺騙自己、酗酒或使用成癮藥物等。

一條路[5]，當然就會有另一條路能讓你通往自信、強大的情緒力量和復原力——這三個要素，將直接影響你是否有能力可以過上一個有意義的人生。

> 越有能力去面對生命中經歷的痛苦，
> 面對痛苦的能力就越高。

那麼，要怎樣成為一個擁有更強大的情緒力量、更有能力的人呢？雖然聽起來弔詭，但答案卻與你能承受痛苦的能力或你處理不適情緒的能力有關。越有能力去面對生命中經歷的痛苦，面對痛苦的能力就越強。想要培養自信、強大的情緒力量及復原力，需要你把心打開去接受改變、以正面態度面對痛苦、願意從任何經驗中學習，並且能夠去經歷及表達不舒服的情緒。

一旦你能更有效處理這些不舒服的情緒，就更可能安住於心、更有自信、更有力量，在每一個當下都能處之泰然。當你能夠持續處理這些不舒服的情緒，焦慮、嚴厲的自我批判和負面的自我對話再也不會困住你，於是你就從這些負面心態解脫了。持續練習，勇於體驗這些不舒服的情緒，你就更能鼓起勇氣對話，這通常會修復破裂的關係，或把彼此的關係提高到更深的層次。時時都和當下的體驗同在，不迴避、不漠視，你將

會離自己想要的生活越來越近，不僅成為你想要成為的人、做更多真正喜歡的事，你還會開始發展出更宏大的人生目標與意義。

如果不舒服的感覺最後能夠讓你過上想要的生活，為什麼你不現在就開始擁抱它們呢？

找出你真正的問題在哪裡？

剛進入職場那幾年，我在加州大學洛杉磯分校的學生輔導中心提供心理諮商服務。我之所以能成功受聘，是因為曾經成功為有厭食症、暴食症及強迫性暴飲暴食等飲食問題的女性提供諮商服務的經驗和專業技巧。無一例外的，這些女性都把注意力放在食物、體重和外表上。

麗茲就是其中一個典型的例子。那時她才二十歲，在一百六十二公分的身高上，多加了近十四公斤的體重。麗茲告訴我，她的情況就是別人所說的情緒化進食，有些人也稱為強迫性暴飲暴食。

「每當我心情不好，或是覺得孤單無聊時，就想吃東西。有時候是因為考試沒考好，有時候是因為拖延症，有時候是因為我對某個朋友不爽，不想和她說話。有時候，我自己也不知道為什麼。」

當我和麗茲談起她的飲食習慣時，她告訴我，她會一直不停地吃，吃到覺得噁心想吐後，還會試圖再把更多東西塞進肚子裡。但是，她痛恨身上那些多餘的肥肉，最後她也承認，這樣吃並不能解決任何問題。相反的，她會對自己的飲食和體重感到更不安，而且暴食過後，她依然需要面對那些未能解決的問題。這樣的領悟，就發生在她對媽媽氣急敗壞的某一天。那天，麗茲吃下一整個大披薩，以此作為「報復」，但卻發現媽媽沒有因為她吃下這個披薩而受到一絲影響，受影響的只有麗茲自己。吃完披薩，她還是氣得要命。沒有任何事被解決，也沒有任何事被改變。

從麗茲（以及其他無數個案例）的經驗中，我很快就發現，促使這些患者前來尋求治療的問題，其實是一個清楚的訊號，表明他們必須經歷更深刻、更難以應對的體驗。這些學生無論是想法、感受或行為，都有一致的模式。就以有飲食習慣問題的學生為例，他們對食物、體重和外表都太在意，注意力完全放在錯誤的地方。因此，與其說是飲食失調，我更傾向用情緒管理障礙（emotional management disorder）來形容他們。

在這樣的個案身上，問題始終包括兩個層面。儘管飲食問題顯而易見，有時甚至嚴重到威脅生命，但這些行為同時也在掩蓋及轉移真正的問題癥結。每每在跟這些學生初次會談後，我都會發現，很顯然的，他們面臨的真正問題，是無法游刃有

餘地去管理好日常的情緒反應及日常經驗。他們承受不了自己的念頭、感受、需求及感知。只有把注意力轉移到食物、體重和外表，才能讓他們分心，不用去注意那些令人痛苦的念頭、感覺或需求。換句話說，他們把力氣錯誤地用在「控制」上面。

筆記 2：你把注意力放在哪裡？

或許你也一樣，把注意力放在那些能幫你逃避困擾的事物上。你想方設法地讓自己分心，不去注意那些真正值得關心的問題。

你會做什麼來遮掩真正發生在你身上的事？你會把注意力放在哪些對你來說不怎麼有意義的事情上？想一想，你有意迴避的是什麼？是活動、對話、人、事件或情境？然後再想想，你會做些什麼事情來轉移注意力？例如情緒性進食、過度運動，或是大採購，諸如此類的活動都是訊號，提醒你可能存在著其他問題需要你去正視。有什麼重要的事，是需要你去解決的？

拿起你的日記本或筆記本，花點時間寫下你對這些問題的答案。

情緒力量：堅強和軟弱

　　在我四十多年的諮商生涯中，逐漸在許多個案身上觀察到一種模式，這樣的模式來自於對堅強和軟弱普遍又無益的誤解。我發現，自信心低落的人通常會緊抓住以下的信念或行為模式不放。現在，也請你自我檢視一下，如果你也有類似的想法，用筆在前面打個勾標示出來。

　　自信心低落的人會：

◆ 蔑視不舒服或不愉快的感覺
◆ 懷疑或質疑自己說的話或做的事
◆ 躊躇再三，不敢冒險
◆ 經常焦慮
◆ 很容易擔心會成為別人的負擔
◆ 擔心他人怎麼看自己
◆ 認為所有一切只能靠自己
◆ 討厭請求幫忙
◆ 把他人的需求和感受看得比自己的更重要
◆ 不願表露情緒，以免顯現自己脆弱的一面
◆ 不願表現任何脆弱的樣子，因為不想讓自己顯得軟弱
◆ 貶低自己的努力和成就

◆ 遮掩自己的成功，或不認可自己的成功和成就
◆ 不能大方地接受讚美

我逐漸意識到，以上這些信念和行為模式都會導致情緒管理的問題。在焦慮、憂鬱、飲食失調、藥物濫用、酗酒等許多問題的背後，通常都是因為有這些信念。

同樣引起我注意的，還有人們長久以來對堅強和軟弱所抱持的有害觀點。關於堅強和軟弱，你從小被灌輸的是什麼樣的觀念呢？以下這些話，你聽起來是否很熟悉？

◆ 流淚或哭泣讓你看起來很軟弱
◆ 咬緊牙撐下去
◆ 總會過去的
◆ 想開一點
◆ 下定決心
◆ 打起精神
◆ 你自己解決
◆ 別那麼孩子氣
◆ 不可以展現你的弱點
◆ 你才不是這樣覺得
◆ 這樣不像你

◆ 成功要靠你自己

◆ 別想著要別人幫忙

◆ 溫情是軟弱的表現

◆ 靠自己的力量站起來

◆ 要別人幫忙？你自己沒有手嗎？

這些陳腔濫調短時間內或許能帶來一些幫助，但長遠來看，對人們卻是有害的。我個人對「堅強」有完全不同的看法。接下來，我要重新定義情緒力量，就從情緒力量的基本要素開始談起。

重新定義情緒力量

強大的情緒力量，來自相信自己有能力辦到，同時有豐富的資源協助。當你能有效處理八種不舒服的情緒，這樣的經驗會幫助你相信自己擁有面對生命挑戰的能力。這完全是一種內在的體驗，你用自己的方式來處理情緒，獲得情緒處理的經驗。至於外部的因素，則是覺得自己擁有豐富的資源，包括依賴他人、承認自己的需求與限制、開口尋求協助，並大方地接受外界提供的支持。因此，相信自己有能力辦到且有資源可以依靠，意味著你有足夠的情感資源，去追尋自己設定的夢想及

目標，同時在需要時有請求協助的勇氣。

雖然這些道理淺顯易懂，但還是有許多人對情緒力量抱持著錯誤的認知。他們總認為，所謂強大的情緒力量代表的是控制、緊閉心門、漠視自己的想法／感受／需求／感知；換句話說，就是忽視你所知道的一切。當你藉由封閉自己的經歷來轉移注意力時，就相當於無法運用回應情緒的練習成果，來保護自己或更好地與他人建立聯繫。

封閉自己，其實只會讓你感覺更軟弱，也更無防備之力。當你迴避、壓抑、切斷或轉移對生活中每一個當下的即時回應時，就會更強烈地感受到這樣的「情緒軟弱」，而變得更不堪一擊、更容易受到傷害。這樣的切斷，就是在「試著把發生的一切當作不知情」，最直接的做法就是迴避不舒服的情緒，而不是選擇去體驗每個當下的情緒。

相反的，當一個人時刻保持覺知，注意自己每一個當下的經驗（覺察發生的一切），他們就會經常感覺到有力量，並且更願意在生活的各個面向去承擔風險。同樣的，當他們和家人朋友保持親密、良好的關係，讓他人真正了解自己，同時也願意適時去依靠願意提供協助和支持的人，他們會變得更專注、更穩定；這種內在的平靜，是擁有情緒力量後自然衍生的另一個結果。覺得自己有能力和足夠的資源，是培養情緒力量、信心和幸福感的必要條件。

我有能力——可以依靠自己

　　當我開始整理多年來的諮商經驗及對許多個案的觀察，我察覺到了一個明顯的模式，也因此有了一個看似顯而易見的領悟：處理不舒服的情緒，對人們來說是無比困難的事。我越是花時間深入探討這個問題，就越發現有幾個要素造成了這樣的模式。首先，我意識到同樣的難受情緒（悲傷、羞愧、無助、憤怒、難堪、失望、沮喪和脆弱）會不斷浮現。其次，我的個案會抗拒去感受或避免這些情緒浮現，同時又會抱怨無法完全表達自己、不喜歡這樣的自己、情緒不夠穩定或是若有所失。第三，在一些有常見心理問題的個案身上，都能循線找到他們難以面對的情緒或感受，包括焦慮、不真誠、分心、難以說出口、深入到靈魂的抑鬱、害怕失敗或不願冒險、缺乏自信，以及嚴厲的自我批判。第四，大部分的諮詢個案都非常討厭尋求協助，擔心自己一開口就會成為他人的負擔。第五，當個案轉移注意力，並試著用羅森伯格情緒更新來重新擁抱這些難受的情緒後，所有這些挑戰都會完全翻轉。

　　一旦你提高覺知，願意接受自己的所有感受（包括舒服的感受和難受的感受），你對自己的了解就會開始改變。只要你能夠忍受不舒服的感受，其他一切也會開始改變。你幾乎會立即體驗到成長、前進及一股推動力，感覺自己變得更強大、也

更有力量。你會願意進行困難的對話，願意暢所欲言，願意對曾經覺得困難或害怕的風險去盡力嘗試，也願意更積極地去追尋以前覺得遙不可及的夢想。

我清楚知道，除非人們覺得自己有能力去體驗並度過這八種不舒服的情緒，才有可能發展出深入內在的堅定信念，相信自己有能力處理好問題，或有能力追求自己所渴望的事物。這就是九十秒情緒更新技巧的核心，也是增強人們信心的關鍵，讓人們相信自己有能力過上想要的生活。然後，所有一切就會以這個起點自然展開。

> 當你滿懷憂慮或不敢承擔風險時，不管
> 那是什麼事，比起害怕冒險，你更怕的是，
> 萬一事情不如預期，會產生不舒服的情緒。

為什麼情緒更新如此重要？因為，當你滿懷憂慮或不敢承擔風險時，不管那是什麼事，比起害怕冒險，你更害怕的是，萬一事情不如預期，會產生不舒服的情緒。因此，你是否相信自己有能力，跟你體驗並度過這八種不適情緒的能力有著密不可分的直接關係。

隨著自我覺知的程度越來越高，你會發現自己越有能力去承擔、面對、知曉、忍受、感覺、擁抱及表達每個當下的體

驗。一般來說，你的自我覺知越強，越是願意活在當下，你就
越有能力處理生活的各個面向。

我有資源——依靠他人、請求協助

　　擁有資源是情緒力量的第二個要素，這包括坦然面對自己
有獨立的需求，也有依賴他人的需求，並且對這兩者衍生的情
緒都能感到自在。擁有資源，尤其重要的一點是具備依靠他人
的能力。當你把心打開，更願意依靠他人時，你將會更容易：

1. 承認自己的需求和局限
2. 開口尋求協助
3. 把心打開，並真誠地去接受他人給予的支持、愛、時間
　 及心力。

　　人是社會性的動物。然而，生活在像美國這種個人主義的
文化環境中，許多人都會接收到這樣的觀念：依靠他人或尋求
協助，會造成別人的負擔。但事實上，人生在世，沒有多少事
情是完全靠自己就能完成的，即使要承認這個事實並不容易。
你既需要獨立，也需要依賴——不是二選一。我們對獨處及追
求個人目標的需求，必須要和我們與他人相處的需求，以及在

必要時開口求助的需求取得平衡。

擁有資源，意味著你必須欣然接受自己有依賴他人的那一面。在認知到自己需要幫忙時，你要能放下身段，要能覺得自己不是無所不能、無堅不摧，也願意拿出勇氣，並對這樣的需求感到自在。當你做到以上這些時，就會更加地敞開自己，也能真正承認自己有具體的需求與局限，這會讓你邁出下一步，也是最重要的一步——開口尋求協助。也就是說，請求協助是獲得情緒力量不可或缺的一步。

一旦開口求助，就是為最後一個步驟——大方接受——打開大門。接收對自己有利的東西，並對他人的欣賞和支持心懷感激，這是完全合宜的舉措。當他人給予你幫助，貢獻智慧、心力、時間、才能與熱情，無疑就是在奉獻他們自己。大方地接受這樣的慷慨，不僅可以滿足你當下的需求，也是在榮耀他人的付出。當你允許自己去接受，並進一步榮耀他人時，你的獨立與依賴便取得了和諧的平衡。

依賴他人、體驗到自己的需求與局限，進而請求協助，這些都是情緒力量的一部分，也是人類經驗的一部分。請求協助不是軟弱的表現，而是人性的展現。

> 請求協助不是軟弱，而是人性的展現。

　　允許自己去感受那些不舒服的情緒，會讓你在情感上變得更強大，或許你會覺得這樣的說法似乎違反了直覺。或許你更傾向於相信，只要不去感覺或不去想那些不舒服的情緒，或者把它們推開、把自己封閉起來，你就能（或至少看起來能）在情感上變得更強大。然而，事實並非如此。如果你用這樣的方式去處理情緒，只會讓情況變得更糟糕。你越是壓抑不舒服的情緒，越會感覺難受。走出痛苦的方法，往往就是體驗痛苦，然後度過痛苦。我的一個患者翠絲塔就是見證者。

　　翠絲塔在諮商過程中，花了很長的時間描述她和許多朋友之間的關係，尤其是她和好友艾莉發生的重大衝突。這次的衝突不僅讓翠絲塔重新思考她和艾莉的關係，甚至也牽連到她和這一群朋友的關係。

　　翠絲塔告訴我：「雖然我是靠獎助學金上大學，但我經常會幫朋友出飯錢，還有參加活動及出去玩的錢。有誰需要用車子時，通常我就是大家的『第一人選』，所以我經常為了幫忙而不得不蹺課或缺席考試。有誰需要地方暫住一晚，我就會在房間裡騰出空間，但她們最後總是待得比我想像的要久。好幾次，有些朋友一次就住了好幾個禮拜。」

　　當我問翠絲塔這一切讓她有什麼感覺時，她才慢慢不情不願地觸及到自己真正的感受，發現在朋友這般對待之下，她感到失望、傷心和憤怒。由於發生的次數如此頻繁，情況又這麼

極端，我問翠絲塔，她是否意識到朋友們是如何對待她的？她知道這些朋友是在占自己便宜，但又覺得有些時候是身為朋友應該做的事；而在大多數情況下，她發現很難當下就直接回應和處理。

她說：「我意識到有些不對勁，但只要我出現這樣的感覺，自己就會找藉口合理化，或是想別的事來轉移注意力。」

我的輔導重點是幫翠絲塔多想想她的這些經驗，而不是去想其他事。一段時間後，翠絲塔湧現出了更多傷心和憤怒的情緒，並且已經能夠更完整地感受這些情緒的強度，後來她運用這兩種情緒在自己和朋友之間設立了界線和分際。那些公然無視她情緒的人，再也不能繼續利用她的善意了。

如果翠絲塔能早一點意識到自己真實的情緒——憤怒、失望與傷心，並讓自己在每一個發生的當下完全去體驗這些情緒，很可能早就不再讓朋友們得寸進尺地占她便宜了。如果她能和這些朋友談談自己的真實體驗，或者說出自己的疑慮、設下界線，或乾脆不再來往，她就能保護好自己，不至於一再地被利用。這些促成自己成長的保護措施，也是愛自己的舉動。

你也可以像後來的翠絲塔那樣，充分地表達自己的情緒，和自己建立起更緊密的關係，以及與他人擁有更深刻的連結。在翠絲塔為自己設下界線之前，她只是按照一種預設的人生模板在生活，對自己知道的真實情況存疑，並找藉口合理化或轉

移注意力，因而導致了其他人更變本加厲，也讓自己相信生活就是這樣。但，透過一段時間的反思與合作，我們一起成功戒除了讓翠絲塔怯懦不前的習性，朝向自己創造的人生前進。

那麼，翠絲塔究竟是如何創造出自己所熱愛的生活的？答案是：她選擇時時刻刻都跟自己的體驗同在，把心敞開，完全地接納讓自己難受的情緒，同時在每次情緒來襲時，都學著去接受它們。透過練習這些技巧，翠絲塔對自己的能力越來越有信心，也越來越能接受改變，並確信無論發生什麼事，自己都有能力處理。當她培養起這種態度時，同時也發展出為自己打造理想人生的能力。

在翠絲塔擁有這樣的力量與自信後，她清楚知道自己可以追求任何想要的東西，即便事情不如預期，她也有能力承受。她不再和過去那群朋友來往，而是結交了一群支持她、可以妥善給她回應的新朋友。後來，她順利完成了大學學業，在專業學科上取得了優異成績，並在業界一家赫赫有名的公司找到了工作。越來越有自信後，她決定善用自己的藝術天分經營副業，很快就獲得同業的認可。她對現有的成就興奮不已，也對接下來的人生充滿了期待。

那麼，你準備好要開始了嗎？

羅森伯格情緒更新技巧

　　幾年前，二十七歲的娜歐蜜來求診，第一次會談時，她就向我傾吐了內心的許多擔憂。她在一個父母酗酒、不斷爭吵的家庭中長大，現在仍然與家人同住。不久前她遭到性侵，於是越來越焦慮、悲傷、害怕，並且會止不住地哭泣。從對話過程中，我發現她喝酒、抽大麻、暴飲暴食後再挖吐出來，還會時不時地拔頭髮。當痛苦大得難以忍受時，她會用頭撞牆，或失控地向父母、妹妹和朋友大吼。她會貶低自己、咒罵自己，嚴厲地責怪自己的所作所為，也痛罵自己的人生。可想而知，她幾度崩潰、不知所措，卻不知道要向誰求助，也不知道如何減輕痛苦。

　　我還記得，在第一次諮商最後，我對娜歐蜜說，雖然她描述了許多不同的問題，而且每一個都是非常大的人生挑戰，但在我看來，她的問題其實只有一個。她驚訝地說不出話，卻也好奇答案是什麼。我告訴她，除了性侵，她所描述的其他問題都和應對策略有關。雖然她用盡了各種不同的策略來解決問

題，但真正的問題在於，她忍受不了從童年到性侵事件所帶來的情緒傷痛。她一直試圖轉移注意力，好讓自己「忘記」那些傷痛。

接下來的三年多裡，我們的諮詢重點是幫助娜歐蜜更舒坦、更有效地去承受與過去人生經驗有關的情緒傷痛，並進一步理解這些傷痛對她的影響。如果我們能把注意力放在這裡，她就不需要用那些傷害自己或轉移注意力的策略來應對。如果娜歐蜜能允許自己去感受、辨別並說出這些從內在自然產生的情緒，就能更全面地直指問題核心，而不是表面上的症狀。她準備好接下這個挑戰，而她似乎也是學習羅森伯格情緒更新技巧的最佳人選。

雖然，娜歐蜜確實經歷了許多艱難的人生挑戰，但她的經歷並不罕見。即使現在有那麼多的資訊，教導人們如何把孩子教養成健全的成年人，但事實上，像娜歐蜜這樣的人生經歷比我們以為的還要更普遍。

很多人都沒有學會如何用健康的方式去應對人生的挑戰，事實上，情況恰恰相反。這世界充滿了無數會讓人分心的事物，可以輕易地讓我們躲開不舒服的情緒。我們都希望孩子長大後，能學會去承受和處理人生中不可避免的難受情緒，但許多人卻只學會了逃避，例如靠垃圾食物、酒精或電子產品來讓自己轉移注意力，把讓自己難受的情緒擺在一邊。而這些替代

的消遣活動，本身卻可能演變成更嚴重的問題。

筆記 3：處理情緒傷痛

　　娜歐蜜因為痛苦的情緒而飽受煎熬。那麼，你是如何經歷並度過那些讓你難受的情緒？在長大的過程中，你是怎麼被教導處理這些感受？你是如何學會處理這些會帶來痛苦的情緒？花點時間把你的想法寫下來。

為什麼你必須經歷不舒服的情緒？

　　二十五年前，當我在加州洛杉磯分校的學生諮商中心任職時，曾經畫過一張圖表，這張圖表後來成了我進行諮詢工作的藍圖。現在，當我回頭看這張圖表時，我知道那就是羅森伯格情緒更新技巧的原始版本。基本上，它描繪了兩條路徑：第一條是逃避，第二條是覺知。正如我們先前所看到的，娜歐蜜一開始就是走逃避的路。但覺知之路，才是更健康的選項。

　　即便在我剛開始執業那幾年，也很輕易就看出個案是如何因為滿腦子的消極想法，使眼前問題變得更棘手。負面想法不僅會對身心健康造成傷害，還會讓幸福感大打折扣。儘管如此，我也發現這些人在處理不舒服的情緒（負面的或消極的情

緒）時似乎更加束手無策，這也是為什麼他們總是選擇逃避。

負面思維有些人會稱之為消極的自我對話（也有人稱為內心的聲音），包括有意識的想法或心態，以及無意識的假設或信念。這是一種自己和自己的自說自話或內在對話，內容涵蓋自己、他人、未來或整個世界，有時會貶低自己，有時則是預期會有糟糕或不樂見的結果。嚴厲的自我批判也是一種負面思維，只不過它的關注點是嚴格地評判或攻擊自己。至於負面情緒，則是指不舒服或難受的情緒。

我們很容易就掉進自我攻擊和自我批判的陷阱中，事實上，有些人始終都依賴這種方式來處理自己的感受，因為他們相信，這是自己為個人的失敗和缺點負責的方式。因此，負面思維也往往成為人們處理負面情緒的過程。我一向認為，迴避這些不舒服的情緒會造成更大的傷害（在第 6 章中，我們將會看到嚴厲的自我批判在迴避情緒的過程中扮演了什麼角色）。促進身心健康及增進幸福感的第一步，就是好好處理情緒。在我的執業經驗裡，令人崩潰和不舒服的情緒幾乎是最常見的個案主訴，但多數人從來都沒有被好好教導應該如何處理這些不舒服的情緒。

類似的個案如此頻繁出現，讓我意識到這是一個迫切需要答案的問題。究竟是什麼原因，讓我們無法體驗這些難受的情緒？我為這個問題苦苦思索了好多年，直到神經科學更廣泛地

傳播後，我才得以辨識出幾個能解開這個謎題的概念，同時也更充分了解如何成功處理與自信、情緒復原力與真實自我有關的不適情緒。當我進一步了解人們如何體驗情緒及情緒的持續時間後，我開發出了可以幫助人們更充分投入不適情緒的策略——羅森伯格情緒更新技巧。

羅森伯格情緒更新技巧來自一個簡單的配方：一個決定、八種情緒及九十秒。

我來解釋一下這個想法：如果你能做出一個決定，願意時時保持覺知，盡可能地去接觸當下的每個經驗，同時也願意去經歷並度過八種不適情緒之一（或更多）所帶來的九十秒情緒浪潮，你就能追求任何你想要的人生。

首先，你必須做出決定，允許自己充分去體驗所有的情緒、想法和身體感受。這意味著，你選擇的是有覺知的生活方式，而不是逃避。

> 選擇有覺知的生活方式，而不是逃避。

其次，在任何情況下，你都願意去體驗並度過以下這八種不舒服的情緒：悲傷、羞愧、無助、憤怒、難堪、失望、沮喪和脆弱。四十多年來，我一直都坐在近距離觀看痛苦情緒的搖滾區，而我的發現是，逃避不適情緒會阻礙信心、幸福感、真實

性及成功；而這八種不舒服的情緒，正是所有不適情緒的核心。

第三，你必須駕馭一波又一波的九十秒情緒浪潮來體驗及度過不舒服的感受。這些身體反應，會幫助你接近並開始了解自己的情緒；在覺知到真正的情緒之前，通常會先察覺到身體的感受。雖然不舒服的感受有時候會盤桓不去，但事實上，這些感受都只是暫時的，不會長久停留。

情緒會提供很多重要的訊息。你的身體和大腦正在交流這些訊息，好讓你採取相對應的行動——多半和保護自己或與他人互動有關。然而，這些湧現的訊息，本質上也是暫時的，不會久留。從生理學來看，我們的身體無法長時間維持在亢奮或激動的狀態。因此，試著去度過情緒浪潮（尤其是不舒服的情緒），其中最主要的就是撐過難受的體感覺（bodily sensation），直到身體重新調整過來。我們的身體更喜歡保持平衡狀態，這是一種最典型的狀態，因此身體會試圖盡快回復到基本值。

每一刻的選擇，都會影響你的幸福感

根據我的臨床觀察，很多人都認為是生活中的那些重要選擇讓我們感到快樂——例如，我們選的伴侶、接受或拒絕某個工作、參加或沒參加某個聚會、上哪一所大學……以及其他各

式各樣的重大決定。不過在我看來，這些重大決定影響的是機運，而不是整體的幸福感、快樂或內在的平靜。比起人生中少數幾次的重大決定，我們抱持的心態，以及應對日常經驗、事件和情境的方式，更能影響我們的每一天、乃至一生的幸福。

你在每個當下所做的決定，都會影響你的幸福感。聽到同事話中帶刺，你能否仗義直言？在靠近截止日的緊迫時刻，你對伴侶或孩子說話的口氣如何？這樣的經驗，會如何影響你接下來的一天或一整個禮拜？此外，你還可以想想抗拒或關注內在感受的那些瞬間。例如，當別人用你不喜歡的方式跟你說話，或當你處在一個尷尬的初次約會時，你是否會聽從直覺去行動？或許你曾經意識到在跟朋友交談時，你察覺到自己很失望，即便你沒有把這樣的感覺說出口。

事實證明，不管你是否注意到，這些小小的反應和接下來的決定都非常重要。關鍵在於，你要做出一個決定：時時刻刻處在當下、保持覺知，並且盡可能地去接觸每一個瞬間的體驗。這包括格外注意你的想法、情緒和體感覺。當你能注意到這八種不舒服的情緒，並且輕鬆地回應，你將會體驗到更深刻的內在平靜及情緒上的自由。

請帶著慈悲與同情心，用心地關注自己的狀態。注意你當下的體驗，不去做任何評判。當你開始感受到這八種不舒服情緒中的任何一種時，你會怎麼做？你會抽離，或者把自己封閉

起來？你是否會用一些顯而易見的方式，例如喝酒、嗑藥、吃東西、社群媒體或購物來轉移注意力，好讓自己不用面對現實？或者，你用的是更隱諱的方式來阻斷或消除這些情緒，例如繃緊肌肉或握緊拳頭？

或者，你會時刻處在當下，留意自己的情緒、想法或體感覺？處在當下是我為每個諮商者提供的建議，因為這麼做能重建自信，進而打造自己想要的人生，但最後要如何選擇，還是由你決定。

情緒更新技巧的第一步，就是時刻保持覺知，並與你的經驗建立連結（去感受能感受的，去知曉能知曉的），而不是轉移注意力，好逃避當下的經驗（刻意忽視所發生的事）。要「感受能感受的，知曉能知曉的」，需要自我覺知和自我調和的能力，這兩種能力也將為你帶來更強大的情緒力量與信心。

提高覺察力及內在經驗的敏感度

內感受性覺知（interoceptive awareness）或內感受（interoception）指的是一個人對身體內部狀態的覺察及感知能力，你可以把內感受想成是了解你的內在世界或「內在的自我」。透過內感受性覺知，我們會知道餓了、渴了、發燒了、反胃想吐，或身體哪裡痛。這樣的覺知能力，有時也被稱為第六感，

讓人們可以把情緒與體感覺連結在一起[1]。比方說，當你感到胸悶時會注意到悲傷，臉紅時會注意到尷尬或難堪，或是胃部揪痛時意識到緊張不安。以上這些都是「內在自我」的體驗[2]。

因此，內感受可以覺知到每個當下身體正在經歷的細微變化，它包括所有「從肌肉到心臟、從腸胃到皮膚所傳達出來的小小提醒與訊號……或是你內在的整體感受」[3]。

覺知每個當下的體驗，會帶來許多好處。它能幫助你更加關注自己的想法、感覺、需求、感知、體感覺、渴望、回憶、信念、意圖，以及更多更多——這所有一切，都能讓你對自己有更深的了解。如果你從未想過什麼對你是重要的，或者如果你對很多事情都缺乏強烈的看法，這樣的覺察能力將幫助你更輕鬆地找到自己的喜好、興趣、熱情和創造力。跟自己的身體做好連結及協調，也能幫助你更好地與他人連結及協調，從而使你更有同理心，假以時日就能創造並經營一段更深刻、圓滿的人際關係。

這樣的覺察能力以及對內在經驗的敏感度，也稱為自我調頻（self-attunement）。這和喬・卡巴金（Jon Kabat-Zinn）博士等人所說的「正念」（mindfulness）或正念覺知（mindful awareness）息息相關[4]。正念就是對每個當下的覺知，無論你的內在和（或）外在世界正在發生什麼，都不做任何評斷及反應[5]。透過持續的練習，包括冥想、正念練習、武術、瑜伽，

每個人都能發展出這樣的專注力。

正念療法[6]、辯證行為治療（Dialectical Behavior Thera-py）[7]、接納與承諾療法（Acceptance and Commitment Thera-py）[8]的支持者，都一再強調不帶批判的覺知及接受個人經驗的重要性。以上這三個領域都已有完善的發展，而本書提出的情緒更新技巧，也與這些領域的專家和研究有一致的看法。如果你對這些心理治療方法或正念練習有所涉獵，可能會注意到它們之間的相似之處；這三個療法都能與本書提出的情緒更新技巧結合使用。

大腦和身體的親密之舞

丹尼爾・席格（Daniel Siegel）博士不僅擴大對大腦的定義，更跳脫了人們既有的思維。過去，人們總把大腦想成是頭骨中的灰質，但席格博士認為，大腦其實是整個中樞神經系統，包括脊椎與遍布全身的神經[9]。每個人的身體都攜帶著大量的訊息（比大部分人所意識到的還要多出許多），而大腦和身體不斷透過心臟、腸道、骨骼與肌肉來回傳遞訊息。英語中不乏一些帶有臟器的有趣口語，就體現了席格博士的說法，例如「真誠的」（heartfelt）、「本能」（gut feeling）及「直覺」（gut instinct），這些常用口語都是有科學依據的[10]。我

個人則喜歡把人想成是帶著大腦袋的兩隻腳動物，就像電視廣告看到的 M&M 巧克力豆豆人，我腦中的畫面差不多就像那樣：一顆圓圓的巧克力糖，長著雙手雙腳，腳上穿著運動鞋。

我們再進一步來看看。大腦的運作有「從上往下」和「從下往上」這兩種心理過程[11]。簡單來說，「從上往下」的過程，就是透過背景知識、訊息、經驗、情緒、先前的學習及內心的期望來影響你的感知。於是，從上往下的心理過程，包括擷取記憶（或回想過去的回憶、生活事件或情境），然後去體驗和這些記憶相關的體感覺或情緒。例如，你可以試著想一個曾經吸引過你的男人或女人，然後留意隨之生起的感受；當你一想到某個特定的回憶或情境，似乎就會馬上喚起和這份經驗有關的感受。

「從下往上」的心理過程，則是先注意到感官與身體的感覺，然後才有意識地去覺察和思考；對於自己將要經歷的一切，沒有先入為主的任何想法。這樣的心理運作過程，是處理感官訊息的一種方式，也就是心智意識先接收到聲音、畫面和體感覺等感官訊息，然後才開始處理這些訊息[12]。例如，只有當你學會騎腳踏車後，才能明白什麼是平衡；當你跳上彈跳床，才能明白失重的感覺。或者，你還能從其他更日常的體驗，認識到這種從下往上的心理過程：在見過重要的人之後，你發現睫毛膏暈開了，或牙齒沾到口紅、卡著菜屑；或者在重

要的發表會後，你發現褲子拉鍊沒有拉。這些時候，你的臉和脖子可能會發紅、身體發燙，然後幾乎在同一時間，你意識到了自己難堪又丟臉。透過從下往上的訊息處理方式，你是先意識到器官和身體的反應，然後在微秒之間緊接著覺知到了自己的情緒。

神經科學發現，體感覺的傳導速度比想法的形成速度還要快，因此明白自己正在經歷什麼情緒時，似乎是一種從下往上的心理過程。更迷人的是，我們經常是根據體感覺來辨認情緒。想想看，平常我們是怎麼描述感覺的？我們從來不會說「感覺下來了」，而是說「感覺上來了」。身體的經驗一直在幫助我們了解自己的情緒，這有點出乎意料。

如果你試圖封閉自己，或者壓抑身體的感覺，就會影響到心智的處理過程。因此，當你想切斷對身體的感覺或轉移注意力，就更難從情緒層面去了解自己的感受。一般來說，你會先透過體感覺知道自己的感受，接著才會用言語描述出來（例如傷心、憤怒或沮喪）。神經科學家還在持續探索大腦和身體之間的連結，但兩者的交互關係已經越來越顯而易見了 [13]。

閱讀身體對情緒的感受

知名的大腦研究專家約瑟夫・李寶（Joseph LeDoux）博

士曾說過，情緒反應是無法控制的[14]。李竇的研究顯示，感覺是你無法控制的，而感覺到什麼樣的情緒也是無法控制的。這意味著，你無法控制從日常事件中自然體驗到的能量、體感覺或情緒變化，你無法真正控制自己的情緒——換句話說，你不可能完全關上情緒的開關，不去感覺它們。然而，雖然我們無法控制，卻可以在接收到那些能量或感官輸入時，透過有意識的覺知去監控、調節及修正[15]。

監控意味著，去關注或覺察到內在正發生什麼事；有了這樣的覺知，就能調節並修正自己對這些能量與訊息的回應方式[16]。舉個例子來說，假設你注意到恐慌症發作前的身體訊號，由於你已經長期監控這樣的模式了，因此現在你能調整過去的回應模式（例如害怕），試著透過緩慢的深呼吸來避免恐慌發作。

不舒服的情緒有時會強烈到讓人喘不過氣，許多個案告訴我，他們情願跟影集《星艦迷航記》裡的大副史巴克一樣，像機器人般毫無情緒地度過一生。雖然能夠避免強烈的情緒干擾，確實很吸引人，但別忘了，史巴克的毫無情緒，也意味著不論什麼情緒，他都無法體驗得到，亦即他不會經歷到痛苦，但也不能感受到快樂。

當你願意面對痛苦，而不是轉身逃開，這將會幫你連結到自己的情緒，從而有機會處理它，而不是把它藏著捂著，放到化膿潰爛。如果你曾刻意把不適的情緒阻隔在外、封鎖、切斷

與情緒的連結,或用其他事物來轉移注意力,那麼一旦情緒衝破自我的保護牆,或當你第一次打開心門去充分經驗這些情緒時,情緒往往會排山倒海而來把你淹沒。

任何時候,當你第一次允許自己重新去連結這些情緒及體感覺時,感受可能會很強烈,因為這對你來說是一個全新且陌生的經驗。如果多年下來你已習慣封閉許多想法、感受和回憶,一旦你重新坦然去接受生起的情緒,以往那些未被處理的記憶和感受,可能會一下子蜂湧而出。不過,這種洪水般的感受會隨著時間慢慢減弱。

打個比方,這些「情緒」就像是能感應到有一扇門被打開了,由於不知道下一次什麼時候才會再開門,因此被幽禁已久的不舒服情緒會互看兩眼,然後大喊著「衝啊!」趕在門被關上之前,爭先恐後地逃逸。想想每次聖誕節前的黑色週五購物節(Black Friday)排隊等商店開門的長長人龍,你就大概知道是怎麼一回事了。

神經科學有助於進一步解釋,為什麼情緒(尤其是不舒服的情緒)會讓人格外難以承受。知名神經學家安東尼歐.達馬吉歐(Antonio Damasio)提到,每一個被你識別出來或感覺出來的感受,都擁有獨特的神經放電模式,能在身體內部帶來一種「有感」的經驗。根據達馬吉歐的說法,這些身體感覺就像是一種身體記號──是一種體感或是身體標記,幫助我們知道

現在正在感受什麼，並協助我們做出相應的決定 [17]。

　　曾有一組研究人員以線上問答的方式，讓來自西歐與東亞地區的七〇一名受訪者，指出他們的情緒反應在身體的哪些部位 [18]。雖然該研究無法說明什麼樣的情緒會讓身體出現什麼樣的反應，因為情緒的身體反應因人而異；然而，卻提供了一個橫跨不同文化、幾乎是放諸四海皆準的概念，足以說明體感覺與情緒之間的關聯。例如，憤怒的體感覺通常出現在軀幹的上半部到頭部，有時也會影響手臂到手掌部位；悲傷的體感覺通常集中在胸口，差不多是心臟位置，並可能向上影響到喉嚨，直到臉部和眼睛。愛的體感覺幾乎涵蓋全身，主要出現在頭部到大腿上半；而快樂的體感覺則以放射狀輻射至全身。

　　幫助自己「讀懂」這些情緒反應的一個方法，就是提高自己的覺察力以及辨識並體驗這些體感覺的能力，而不是去否認它們。下面這個練習，可以幫助你發現身體與情緒的連結。

【覺知練習】回答與感覺有關的三個問題

　　你如何感覺？感覺到什麼？在身體的哪個部位？仔細閱讀以下「覺知練習」的三個步驟。

　　1. 找一個安靜的地方，以舒服的姿勢坐下，慢慢舒緩地深

呼吸。吸氣,從一默數到五;然後吐氣,從一默數到五。再重複兩次。

2. 閉上眼睛,回想某個你曾經感到悲傷的時刻,並特別注意那個感覺怎麼樣(比如很強烈),你感覺到了什麼(描述你的身體感覺),以及這個感覺發生在身體的哪個部位?把這次的體驗寫下來。

3. 按照以下列出的情緒,一個個重複上述的過程。注意你在每個當下的感覺怎麼樣?感覺到什麼?以及發生在身體的哪個部位?在進入下一個情緒之前,先深吸一口氣,然後再吐氣,清理好前面的情緒。最後,回想你當時的感受。

◆ 憤怒

◆ 失望

◆ 滿意

◆ 感到非常滿足

◆ 快樂

◆ 因為達成某件重要的事而感到興奮和開心

---

* 在我的網站 www.DrJoanRosenberg.com/resources90/ 還有更多的表格、引導式練習與相關資源。

　　在覺知練習的過程中，或許你會發現很難找到與情緒相關的體感覺，或是你所有的感受都以同樣方式發生在同一個身體部位。也或許，你會發現每種不同的情緒，都有各自對應的體感覺。或者你有幾種情緒的身體反應是一樣的（例如悲傷和失望），而其他情緒的身體反應則明顯不同。

　　以下是幾個例子：每當莎莎感到後頸部發燙時，就知道自己要生氣了；康妮生氣時，則是手臂發燙，伴隨刺刺麻麻的感覺。馬克傷心和失望時，同樣都反應在上胸部靠近心臟的位置，但悲傷時是覺得胸口悶悶的，而失望則是一種往下墜的沉重感。麗莎在感到滿意和深深的滿足感時，上半身會生起一股暖流；梅森則表示，快樂時，他整個心臟的外緣會變得輕盈起來。

　　大多數人在描述不舒服的感受時，通常會使用緊繃、沉重、明顯的異樣感或壓迫等字眼；而描述愉快的感受時，則使用放鬆、平靜、輕盈、全身性的或向外擴展等字眼。答案沒有對錯，因為每個人對感受的體驗是獨一無二的。這個覺知練習只是在幫助你提高覺察力，了解身體是如何去體驗這些情緒的。

最常見的不舒服情緒

　　覺知是羅森伯格情緒更新技巧必要的第一步，而這第一步

幾乎是同時就將我們帶到下一步，也就是經歷並度過這八種不舒服的情緒。

你必須把心打開，願意去面對、承受、忍受或甚至擁抱那些難受或痛苦的情緒。以下這八種不舒服的情緒，想必每個人都不陌生，據我的觀察，這些情緒是最讓人們痛苦、也最容易想要逃避的：

◆ 悲傷　　　　　◆ 羞愧

◆ 無助　　　　　◆ 憤怒

◆ 難堪　　　　　◆ 失望

◆ 沮喪　　　　　◆ 脆弱

這八種情緒我們將會在下一章更深入討論，但我要強調的是，逃避這八種情緒會觸發一種惡性循環，將你往下拉扯，逐漸消磨你的自信和自尊。這樣的逃避，會導致擔憂、焦慮、害怕失敗、不敢冒險、缺乏恆心與毅力、擔心他人對自己的看法、不敢為自己發聲、嚴厲的自我批判、消極的自我對話、害怕脆弱、不敢信任等多種心理健康問題，也是造成嗑藥和酗酒等成癮問題的主要原因。只要控制好這八種不舒服的情緒，就能解決上述的許多問題。

幫助你辨識情緒的體感覺，是讓你難以面對及處理這些情

緒的關鍵原因。就是因為身體感到難受，許多人才會想要切斷這些情緒或轉移注意力。

　　你並不是不想去體驗這些情緒，你只是不想經歷這些情緒帶來的體感覺而已。這才是真正的問題所在。學會辨識、關注身體的感覺，是羅森伯格情緒更新技巧發生作用的關鍵。

體驗情緒，讓情緒流過

　　神經科學家吉兒‧泰勒（Jill Bolte Taylor）博士，是《奇蹟》（*My Stroke of Insight*）一書的作者。她曾提到，每當一種情緒（比如憤怒）被觸發，大腦就會釋出一波化學物質到身體裡，活化身體的感覺。接著，大約在九十秒內，這些化學物質就會被血液帶走[19]。這股感覺就像「浪潮」，開始先是湧來一波生物化學物質的浪潮，接著再以沖刷結束。這股化學浪潮會帶來不舒服的身體感覺，例如前面提過的面紅耳赤、手臂發燙、胸悶等等。我要再次強調：情緒通常是透過生理感覺先表現出來。這句話就是關鍵。簡單來說，不舒服情緒所帶來的體感覺，也不可能有多舒服。

　　記住，大腦也參與了這個訊息交換的過程，它不斷將訊息輸入身體，同時也接收身體輸出的訊息。神經學家甘德絲‧柏特（Candace Pert）博士在《情緒分子的奇幻世界》（*Molecules of Emotion*）一書寫道：「⋯⋯情緒是透過心身網絡不斷交換的訊息內容，許多身體系統、器官和細胞都參與此一過程。」[20] 因此，你可以把感覺想成是一種保護你及讓你成長的訊息來源。你面對人生的各種情境、挑戰、困境、創傷、悲劇、失去或甚至是成功的能力，本質上都取決於你能否自在地經歷並度過各種情緒，尤其是以上提到的八種不舒服情緒。

「度過」這些情緒是什麼意思？我的意思是，覺知到你的感受，並能夠承受因體內生化物質的漲退而帶來的情緒浪潮或強烈的體感覺；透過這樣的方式，去充分體驗這些感受。當你對感受的承受程度越來越高時，就能更有效地運用這個能力去做決定或回應他人。一旦你能經歷並度過這八種不舒服的情緒，就是走在通往情緒力量及自信的路上。下一次當你的感受生起時，可以花點時間深呼吸，從生理層面去留意你的內在發生了什麼事。

安塞爾在一次研討會上，聽到我介紹了羅森伯格情緒更新技巧後，不到五小時他就開始用起了這個技巧。一直以來，他總是難以開口跟仰慕或想認識的人說話，典型的情況是，他想向對方介紹自己，卻又會因為負面想法而打退堂鼓（比如「我沒有人家那麼優秀」），接著他就會感到脆弱和難堪，最後打消接觸對方的念頭。他遲遲無法邁出第一步，只能帶著失望離開，覺得自己又錯失了一個機會。更糟的是，他會繼續打擊自

己「真沒用」，進一步證實了他不及對方「優秀」的信念。

　　在他聽到情緒更新技巧的那一天，就打定主意要運用這個方法去認識自己仰慕的某個人。因為現在他已經知道，是難堪和脆弱的體感覺讓他無法邁出腳步。安塞爾很快就發現，他的感受來得快也去得快，一點都不難承受。最後，他和對方相談甚歡，並約定好了下次見面的時間，討論兩人合作的可能性。有了幾次成功的經驗後，安塞爾發現，即便在其他場合，他也能用類似的方式和人們往來。離開研討會時，他興奮又開心，也更有自信了。現在他知道自己擁有了掌握情緒的技巧，能夠輕鬆、順利地與他所欣賞的人攀談、對話。他也意識到，在過去那麼長的時間裡他是如何讓這一切變得如此艱難的。

　　吉姆也參加了同一場研討會。一年後他特地來找我，告訴我情緒更新技巧幫他成功簽下了一張百萬美元的合約。他說自己是一個非常有企圖心的商人，正在和另一名對手競爭生意。他們兩個人在握有決定權的委員面前輪流發言，對方卻占用了大部分的時間，讓他沒有充分的時間可以說明自己的方案。隨著時間一分一秒流逝，吉姆心裡的怒火越來越高漲。他說，以往要是遇到這樣的情況，他一定會完全失控發飆，讓場面變得很難看。但是這一次，他按了「暫停」鍵，坦然與自己的怒火同處，雖然臉上明顯看起來不愉快，但他全程都保持鎮定。當他坐在位子上感受內在怒火的起起落落時，突然意識到他可以

更委婉地表達自己的不滿與沮喪。給吉姆這次機會的業務聯絡人，對他自我控制的能力留下了深刻的印象，最後除了原來的合約之外，又另外和吉姆簽下了另一份合約。

關鍵的情緒九十秒

那麼，你是怎麼處理痛苦的感受呢？讓我們再來看看神經學家吉兒‧泰勒博士對於情緒觸發的觀點。她認為，一旦情緒被喚起，「大腦釋出的化學物質就會流經全身」[21]，並且（透過神經放電模式）活化專屬於你的體感覺。同樣的，我們再次把這波上湧的化學物質想成是浪潮。當這些化學物質完全被血液沖刷帶走後，生理上的感受就會隨之消退，就像退潮一樣。

吉兒‧泰勒博士提到，從最初觸發的時刻算起，每一波生物化學物質帶來的情緒浪潮，大約可持續九十秒。根據感受的強度和每個人的主觀體驗[22]，持續時間也可能非常短（只有幾秒鐘）[23]，但再怎麼長，也不會超過九十秒。

我的一名案主用了一個非常妙的比喻來說明九十秒有多長──不到半首歌的時間！當你經歷某個情緒或某些情緒時，可能會出現不止一波的浪潮，但無論當下的感受有多強烈，持續時間都不長。

小心「反芻思考」拖住你的腳步

　　每當我向人們解釋這個情緒更新技巧時，總會被問到：「我的情緒持續時間似乎比九十秒長多了！這是怎麼回事？」答案是：皮質醇（壓力荷爾蒙）濃度升高 [24] 可能會造成這種現象，但更可能的罪魁禍首是「反芻思考」（rumination）[*25]。

　　如果九十秒過後，那個不舒服的感覺（比如悲傷、憤怒或失望）仍盤桓不去，通常是因為你一直在腦海裡反覆回想觸發情緒的那個情境或回憶，而原因通常是你想找到解決之道或想弄明白為什麼。每次當你回想起當時的情境時，就等於再一次觸發同樣的生物化學浪潮，這意味著你會再次經歷與先前幾乎完全一樣的體感覺，而這些體感覺是與情緒、記憶或情境綑綁在一起的。

　　在你身上盤桓不去的，是你對情緒的記憶，而不是情緒本身，這種記憶可能持續幾分鐘、幾小時、幾天、幾年，或甚至數十年都不會消散。正是你的記憶觸發了與第一次感受雷同的生理經驗或體感覺。換句話說，每次只要你一回憶起當時的情景，同樣的情緒就會被不斷重新喚起（並成為體感覺）。幸運

---

* 編按：反芻思考是指腦海裡反覆上演過去的負面回憶，把注意力放在不幸的事件及消極情緒上。

的是,你可以選擇自己的想法,這就表示你可以決定要去感覺什麼。一旦你意識到這樣的運作過程,就能改變它。

舉例來說,如果你對朋友在最後一秒鐘取消午餐約會而感到失望,大概在一開始觸發的九十秒內,失望的化學浪潮就會從你的血液中被釋出,你的生理反應也會同時消退下來。然而,正如吉兒‧泰勒博士所說的,如果你在這段自動的生理反應時間結束後依然感到失望,那是因為你「選擇讓這個迴路繼續運作」[26]。你越是能夠承認、體驗並度過當下的感受,就越不會覺得它們揮之不去。如果你能夠明白是什麼觸發了這樣的情緒,以及這種情況對你造成的影響,就越不會讓同樣的反應一再重演。選擇權在你手上。

有時候情緒之所以駐留不去,是因為你選擇不斷反芻思考──不斷重播某個記憶或經驗(或一再重複同樣的迴路),特別是當你非常想解決這件事的時候。通常,人們會一再回到某個記憶,是因為想要弄明白當時的情況。

另一種可能,是你在迴避或試圖不去想那些盤旋在腦海中的事。你越是想要壓抑、轉移注意力或切斷連結,就需要花更多的時間才能度過這些痛苦或不舒服的回憶,以及伴隨而來的感受。即便我們極力阻止自己去意識這些感受,但仍然會受到影響[27]。有些心理學家將這種情況稱為「思考抑制」(thought suppression)。心理學家丹尼爾‧韋格納(Daniel Wegner)和

同事透過多項研究發現，想要壓抑思考似乎是不可能的事 [28]。

　　你不妨試試看。準備好一個計時器，只要你一想起那件你努力不去想的事，就在紙上做個記號。你可以按照韋格納在實驗中提供給抑制組受試者的相同指令：「在接下來的五分鐘裡，請像剛才一樣說出你腦海中的念頭，但這一次盡量不要想到白熊。每一次只要你說到『白熊』這兩個字或出現『白熊』這個念頭時，請按一下桌上的鈴，或在紙上做一個記號。」[29]

　　五分鐘後，你有什麼發現？

　　想想看你或身邊的人說過多少次這樣的話：「我不要再想……了。」好像只要迴避，事情就能解決一樣。這麼做無濟於事的原因是，你必須先回想那些你不願意再次體驗的念頭或感受，才能決定要避開它！此外，還可能產生一種反彈效應，也就是你越想壓抑的念頭或情緒，就越可能被它帶著跑。結果，那些念頭或情緒更會不請自來地侵入腦海中；相反的，如果你一開始沒有試著去壓抑它，它反而不會出現得那麼頻繁 [30]。這就是思考抑制完全沒有用的原因。

　　思考抑制幫助我們理解，為什麼你越是想把感覺推開，感覺就會越強烈，停留的時間也越長。假設你一再地體驗到久久不散的憤怒、失望或悲傷，就要更仔細觀察，是什麼想法在重複刺激與這種痛苦經驗有關的神經迴路。同樣的，痛苦之所以揮之不去，正是因為你不斷在重複同樣的想法。與其這麼做，

不如花點時間去承認這些感受，並試圖了解是什麼觸發了你、這種情況對你有什麼影響，以及你需要做些什麼來解除這個情況。這些想法或許有部分和過去的生活經驗有關，在第 8 章我將會針對長期的傷痛與痛苦提供一個解決架構。

此外我還發現，當你試著把注意力從感受（比如難堪或失望）轉移到嚴厲的自我批判時，也會讓感受揮之不去。嚴厲的自我批判會不斷在內心深處創造出更多的不舒服情緒，因此只要你不停下來，感受就會久久不散。

強烈的情緒體驗，例如恐懼、深刻的悲傷、驚嚇或盛怒，也可能久久無法驅散 [31]。雖然九十秒的情緒更新技巧能幫助某些人緩解創傷後的壓力反應，但這個技巧並不是針對這一類問題來設計的。像這樣的心理問題是更複雜的病症，需要更強烈且系統性的方法介入，才能長久解決問題。

筆記 4：揮之不去的感受

你的感受揮之不去嗎？對你來說，它們長久逗留的可能原因是什麼？你的感受依附於哪些記憶？還有什麼記憶是尚未解決的？

學會像衝浪一樣駕馭情緒

如果你曾看過海浪拍打岸邊，就會知道有些浪潮來得洶湧、碎得壯烈，而有些浪潮只是輕柔地起伏。如果你曾在海邊漫步，就會知道無論浪潮如何來勢洶洶，過不了多久總會退去，從來不會久留。不管浪潮如何襲來，終究會平息。

我們的情緒以能量形式作用在身體所帶來的感受，也像浪潮一樣起落。當感覺在我們內在生起時，就像浪潮撲向海岸線。這些感受可能會氾濫到讓我們不知所措，也可能只是微微泛起波動，譬如因尷尬而微微臉紅。感受確實可能徘徊停留，根據主觀認定有時可能會持續數分鐘，但就像海浪一樣，它們終究會消退。於是，經歷並度過不適情緒的最有效策略，就是「乘著波浪」駕馭它，直到情緒浪潮不可避免地消逝——大部分時候，消退速度會比你想的還要快。你可以想像自己在衝浪（趴板衝浪或身體衝浪）、航行：緊緊抓著浪潮、駕馭它。

難受或不舒服的情緒來襲時，能夠「乘浪而行」的關鍵，就在於坦然承受伴隨情緒而來的體感覺。一般來說，強烈的身體反應一下子就會消退，不舒服的情緒也會隨之消逝。我再強調一次，不管任何情緒浪潮都只能持續九十秒。注意到它的生起、好好感受，然後看著它消散。

不是憋氣，簡單地繼續正常呼吸，就能幫助你駕馭情緒浪

潮，度過不舒服的體感覺。在下一章，我會進一步說明如何承受這些不舒服的情緒。簡單來說，你要一邊體驗與情緒相關的那些體感覺，還要一邊學習當個好奇的觀察者，去留意並思考自己當下的感覺。這麼一來，你就能像吉兒‧泰勒博士說的那樣，決定你是否要讓這個迴路繼續運作。

經常有人問我：「情緒浪潮是不是只有一波？」不是的。如果你不斷去回想同樣的一段記憶，就是在不斷觸發連結該回憶的感受。想要度過一種或多種情緒的最佳方式，就是在經歷這些浪潮的當下，學會臣服。用你需要的任何方式駕馭情緒浪潮，讓它們走完九十秒，馬上就能立竿見影。很快的，你就會放鬆下來，內心趨於平靜，不再那麼焦慮。接下來，你很可能會弄清楚是什麼觸發了這些情緒，或許你會連結到某個過去的記憶、經驗或一直以來的行為模式，識別是哪個情境會讓你出現這樣的感受，然後再選擇採取什麼行動來回應這樣的感覺。

只要持續練習，通常就能讓你擺脫舊生活模式和舊劇本的牽絆。這主要是因為，你不再需要逃避了。相反的，你會更有意識、更通透地去「知曉」那些人生經歷所代表的真相。

三十歲的黛比就是在學會臣服情緒、駕馭情緒浪潮後，成功識別並改變自己的生活模式，擺脫自我傷害的行為。黛比不僅因此發展出更強大的情緒復原力，也能更真實地面對自己。一直以來，黛比都習慣用挖苦的方式和他人相處，有天晚上，

她來到我的辦公室，說她與交往了五個月的男友剛爆發一場爭執。黛比原本想試著和男友一起處理情緒化的問題，但對方卻越來越沉默，直到最後完全拒絕溝通。可以想像，這讓黛比都快抓狂了！於是，她的反應越來越激烈，開始在話中夾槍帶棒地諷刺，想要逼他開口。但一切都沒能奏效，男友只是更加安靜。盛怒之下，黛比收拾好自己的東西離開了他的公寓。什麼問題都沒解決，只留下爭吵過後的憤怒、悲傷及挫敗。當她開車離開時，想著自己應該如何應對這樣的痛苦。喝酒、自殘，是她第一次來見我時，用來應對情緒的兩種策略。

孩子的情緒教養很重要

面對及處理痛苦情緒的挑戰，通常從孩童時期就開始了（也有人是在成年經歷過極度痛苦的事件後，才開始有這樣的經驗，但這種情況比較少見）。許多探討嬰幼兒和父母（或照護者）如何建立親密紐帶的研究，都說明了照護關係對孩子的腦部發育有舉足輕重的影響力。孩子是如何被扶養長大的、如何接受教養的，甚至他們在胎兒時期的經驗，都會大大影響到他們日後掌控、調節個人情緒的能力，並一路伴隨到他們長大成人。

簡單來說，孩子通常會養成與家長或照護者相似的情緒反應模式。丹尼爾・席格博士認為，父母如何理解自己

童年時期的痛苦經驗，會大大影響教養孩子的方式 [32]。最理想的情況是，父母能用理性、溫暖的方式來理解情緒，並具備不錯的調適能力。相反的，如果父母沒能理解或處理好自己的痛苦，那麼這些情緒就可能以混亂、暴怒、冷戰、退避或拒不溝通等形式轉嫁到孩子身上。

這會帶來什麼影響？如果在孩子的成長過程中，面對孩子表達自己的感受時，父母拒絕以愛、情感和注意力給予回應，孩子就可能學會封閉自己的感受。此外，有些孩子可能曾經目睹（或直接經歷）父母暴怒下的失控行為，或是成為父母情緒失控的受害者。當孩子無法掌控父母不可預測的暴怒行為，而讓自己長期暴露在危險之下，長大後，他們很可能就會閃躲自己的憤怒和無助感。

以上任何一種經歷，都可能影響孩子對情緒的承受能力。憤怒的家長通常會養出憤怒的孩子，或教養出無法面對及處理憤怒的下一代。或許你就是如此，你的暴怒或自我封閉都可能其來有自。

父母（或照護者）回應情緒的方式，也可能是你害怕處理或處理不好情緒的原因（例如「軟弱的人才會哭」或「你什麼都做不好」）。

家庭情況也有一定程度的影響。在貧窮、舒適或生活無憂無慮的家庭中長大的孩子，可能會成長為不同個性的大人。同樣的，你在什麼樣的情緒環境中長大，也會影響

你經歷及表達情緒的方式。生活在貧窮、混亂、衝突不斷的家庭中，孩子通常會把注意力放在生存上，並往往因為匱乏感而飽受壓力。成長過程中經常面對不可預測的混亂和衝突，孩子長大後會處於困惑和恐懼的情緒狀態。幼年經驗的影響會展現在身體、神經及心理等多個層面上，如果你父母的行事作風是衝動、朝令夕改、嚴格或甚至毫不留情，處在壓力情境之下的你，可能就無法辨識什麼才是最妥貼的回應方式，或甚至無法判斷現在的選擇會對日後的生活品質產生什麼影響。這和童年時期在父母羽翼下，生活穩定、一致、溫暖、有充分回應及機會的孩子，形成了鮮明的對比。

　　以上任何一種情況，至少在剛開始的時候都會影響到每個人對於日常經驗的接受程度，以及在經歷任何事時感受到安全或危險的敏感程度。不管如何，學會去承受並體驗難過、痛苦的感受都非常重要，因為這是困住大多數人的最主要原因。要是無法好好處理這些感受，它們便可能扼殺你的人際關係、摧毀你的夢想，讓你毫無動力去追逐目標、不願冒險，並且削弱你在面對人生危機時的調適能力。情緒更新技巧可以幫助你，扭轉早年形成的情緒適應不良模式。

　　黛比邊說邊哭，面對這場僵局的怒氣，她開始有了不一樣的想法。她承諾會用更有效的方式來應對，她做了幾次深呼吸，提醒自己要學會駕馭正在體內奔流的憤怒與悲傷的情緒浪潮。回到家後，強烈的情緒緩和了許多，她更能清楚看見爭吵的主因，對自己當下的作為也有了更清晰的認知。如果她一開始就能有效控制憤怒、失望和悲傷的感覺，或許就不需要用嘲諷傷人的方式讓情況變得更糟，也不至於鬧到要搬離男友家的地步。即便這些情緒如此難熬，但當她抽離爭吵的情境時，就能善用深呼吸及駕馭情緒浪潮的練習，幫自己冷靜下來，也才能獲得更多的洞見。後來當她更深刻地反思自己潰堤的淚水時，才發現那些憤怒和嘲諷的言語，其實是在迴避自己的悲傷和失望。她也承認，當她發現自己無力改變現狀後，往往會更加憤怒──這也是她和父親相處時經常使用的手段。隨著黛比的覺知程度越來越高，在忍不住想用言語刺傷他人時，她開始做出了不一樣的決定。有了幾次類似經驗之後，黛比學會了在重要時刻使用情緒更新技巧，而不是出口傷人。這也讓她更加滿意自己的生活，並且大大改善了她的幸福感和人際關係。

　　在這裡我要說的是一個重要的覺知，那就是天性（基因和先天氣質）和後天接受的教養環境（人生經驗），一直都在影響著我們。我很清楚，困境、痛苦、悲劇和創傷經驗，會毫無疑問地影響每個人終其一生的行為模式。我也知道，這些經驗

會影響每個人處理不舒服情緒的能力，這是事實。然而，與此同時，我也清楚地知道，只要我們有思考的能力，就一定具備改變的能力——從這個角度來看，過去發生的所有一切，都是在幫助我們釐清問題，而不是用來自我開脫的藉口。

　　只要你願意在情緒生起的當下，去覺知它而不是迴避它，一切就會變得不同，這是我要求你們必須做到的一個「決定」。你越常做出這樣的決定，反應就會越自然，最後你的大腦幾乎就能自動選擇來經歷這些情緒，而不是把它們推到一旁，或在情緒還沒消退前就草率做出其他反應。你可以把情緒更新技巧當作每一天必須的選擇。只要你願意和自己每一刻的體驗保持連結，並經歷八種不舒服情緒帶來的九十秒情緒浪潮，時日一久，就能重建信心、情緒復原力和真實自我。這一切，都是因為你願意體驗情緒在體內生起的生物化學物質浪潮，願意承受不舒服的體感覺，以及明白這些體感覺是為了讓你知道自己正在經歷什麼樣的情緒。

第 3 章

認識八種不舒服的情緒

　　人們之所以會有感受是為了達到三個目的：保護、連結與
創造。當你不管是獨處或與他人在一起時，都能感到安全、安
心，你的心理、情緒和身體資源，就不需要用來保護自己，或
用來維持基本的生存需求。這個時候，你的感受主要會被用在
連結和創造的目的上，而這通常會以人際關係、冒險、嘗試新
事物或追求意義等形式呈現出來。

　　在體驗愉快的感受時，多數人的態度是輕鬆的，但面對一
種或多種痛苦的感受時，卻會覺得不舒服或難以承受。然而，
不舒服的情緒若是不加以處理，可能會變得更劇烈。這些感受
會盤桓不去，停留得比我們想的還要久。迴避痛苦的情緒，可
能還會破壞或減弱愉悅的情緒。

　　人們通常會納悶，為什麼不舒服的情緒會如此強烈？為什
麼有那麼多的痛苦和不舒服的情緒呢？答案是，從最基本的需
求層面來看，這些不舒服的情緒能夠保護我們存活下來。從進
化的角度來看，越是能辨認出威脅的人，就越可能活下來繁衍

後代。

正如作家和研究員瑞克·韓森（Rick Hanson）所言，為了求生存，我們都存在著「消極偏見」，通常會把事情往不好的方面去想，而把注意力集中在令人痛苦或可能帶來危險的刺激上，這對生命的存續和基因繁衍都至關重要。我們從負面的事物學到一次又一次的教訓，因此更容易把注意力集中在那裡[1]，負面情緒提供的訊息，能幫我們感知到威脅、回應環境，以及存活下來。例如，焦慮能提高我們對危險的警覺性；厭惡或噁心能防止我們攝入有毒或受到汙染的食物；恐懼能幫我們存活下來。因此生命要能延續，倚賴更多的是我們對負面情緒的覺察力，而不是愉快情緒的體驗。

毫無疑問的，我們需要去接觸並運用這些不舒服的情緒，即便它們令人不快，卻是不可或缺的。在此，我想先邀請你挑戰自己：不要再為情緒貼上「負面」或「不好」的標籤，因為它們實際上具有重要的保護作用。相反的，我建議你使用「不愉快」、「不舒服」、「不安」或「難受」等形容詞來描述這一類的情緒，因為這樣的字眼更能精確地描述身體的感受。試試看使用這些字眼來形容你的感受，你可能會發現，當你改變這些帶有偏見的描述時，感受也會跟著不同。就這本書而言，我們將只專注討論以下八種情緒的處理能力：悲傷、羞愧、無助、憤怒、難堪、失望、沮喪及脆弱。

　　為什麼是這八種情緒呢？因為這八種情緒，是人們在事情發展不如所願時最常出現的感受。身為一個執業三十多年的心理學家，我從許多個案觀察到，對於這些感受的迴避，是人們缺乏信心、無法真實做自己的最大阻礙，也是導致焦慮、嚴厲的自我批判，以及擔心他人看法的最主要原因。

　　基本上，這八種情緒是大多數人最無法面對、也最想逃避的。在我們追求財富、健康、事業和人際關係等各個領域時，這八種情緒還會形成障礙。事實上，人們之所以會放棄追求生命中最重要的事物，或是在人生道路上退卻不前，多半是因為很難度過或擺脫這些情緒干擾。

　　為什麼度過這些不舒服的情緒如此重要？正如我提到的，這件事之所以重要，是因為我們體驗並度過這些情緒的能力，直接與我們處理情緒的能力及信心有關。一旦你能覺知到所有情緒並接受它們（包括舒服或不舒服的感受），你對自己的感覺會開始改變。當你逐步發展出處理這些情緒的能力，就會發現自己變得更自信、更游刃有餘，在生活的各個面向都能夠充分地做自己。你會獲得新的洞見，幫助你辨認出自己的真正價值及渴望，而不是待在舒適圈或隨波逐流，只敢打安全牌而不敢冒險。只有培養出面對及容忍不快情緒的能力，才有能力去面對外在的艱困挑戰。一旦相信自己有能力駕馭九十秒的情緒浪潮，還能毫髮無傷地回復過來，你會更加認可自己的能力，

並對自己的選擇更有責任感。當你在自己所設定的人生道路上一步步前進時，就會開始覺得做自己沒有那麼困難，甚至會越來越自在。

為什麼我們會迴避這些感受？原因包括：

◆ 怕這些感受一旦開始，就停不下來。
◆ 怕這些感受太強烈，把我們擊垮。
◆ 怕這些感受會讓自己失控。
◆ 怕自己會口不擇言或做出失控的舉動。

你最無法面對、最想逃避哪些感受？

讓我們來看看這八種情緒的目的及生理上的體驗。當你隨著我一一探討這八種情緒時，請記住「因人而異」這句話：每個人的身體對這些情緒的感受都不盡相同。以悲傷來說，有些人可能會感覺到心痛或肩膀緊繃；有些人可能會揪心地哭，或像心口被掏空一樣。在你產生這些情緒時，可以花點時間好好看看自己的身體是如何體驗這些情緒的。這是一個「覺知練習」的好時機（參見第 2 章 63 ～ 64 頁），如果你還沒有做過這個練習，可以嘗試看看。

悲傷，是憂鬱的前哨戰

悲傷會令人特別痛苦，因為它經常會讓我們回想起不愉快的記憶而難以承受。我們通常會把悲傷的感受，和不可控的外在環境或他人所造成的情境連結在一起[2]，也與痛失所愛與極度揪心的痛聯繫在一起。

悲傷時，人們經常會說自己心情低落、抑鬱。但悲傷是一時的，是某個特定時刻或特定經驗的結果[3]；而抑鬱是一種持續的悲傷，缺乏體驗正面及積極情緒的能力[4]。雖然某種經歷或誘因可能引發抑鬱，但這不是抑鬱持續不散的唯一原因。

悲傷會使大腦的邊緣系統更加活躍，邊緣系統是與記憶及學習有關的大腦部位[5]，也因此我們會更容易注意到相對負面的刺激。當大腦中主要負責情緒反應的杏仁核變得亢奮時，我們會更傾向用恐懼的方式來回應。我們也會回想起更多過去的記憶，尤其是悲傷的記憶[6]。刺激大腦的這個部位，也會啟動我們與生俱來的一種傾向——趨向安全和愉快的事物，避開危險的事物[7]。悲傷會讓我們想要接近他人，傳達出「我現在很痛苦」、「我需要安慰」等訊息。此外，悲傷的情緒還會幫助我們去接觸最可能帶來撫慰、陪伴我們度過難關的人。然而，如果過去的經驗讓我們不再相信依靠他人是安全的，我們就有可能退縮在自己的世界，用悲傷來孤立自己。

羞愧，是一種嚴厲的自我批判

羞愧通常和自我信念有關，包括認為自己沒有資格、有缺陷、不完美、不值得或不乖[8]。羞愧很可能會伴隨著嚴厲的自我評判，而自我評判又會進一步讓羞愧感更強烈。這種惡性循環——羞愧導致自我評判，而自我評判又會導致更多的羞愧，就是為什麼會有這麼多人想避開羞愧情緒的原因。

就像悲傷和抑鬱一樣，一般性的羞愧和核心的羞愧也不一樣。前者具有社會功能，而後者則多與自己不被愛、先天不足或無法彌補的錯誤等自身的體驗有關[9]。

一般性的羞愧通常來自察覺到社會的排斥，或是感受到自己的自尊或社會地位受到威脅[10]。當人們感受到任何一種人身威脅時，身體就會用恐懼的方式來回應：壓力賀爾蒙（皮質醇）會被釋出到體內[11]，使身體隨時做好保護自己的準備。

人們對羞愧感最常見的反應是順從。這種順從的態度和承認錯誤，是為了降低他人攻擊的可能性[12]。羞愧感的表達會讓雙方展現出更多積極的社會行為，於是順從的一方會採取過度社會化的行為或利他行為，來彌補自己的所作所為；而受侵犯或受委屈的一方，則會更傾向以合作或寬容的態度來回應。即便羞愧可能帶有負面含意，但一旦人們用順從來表達自己的羞愧時，便能鼓勵雙方更善待彼此，並使人們更緊密連結[13]。

核心的羞愧是深入骨子裡的，大都出現在童年時期曾經遭
受過嚴厲批評、身體虐待或言語暴力的人身上。長期遭受上述
的惡劣對待，又缺乏適當的連結或療癒，就可能形成這種核心
的羞愧感[14]。不管是哪一種羞愧，都會誘發身體分泌壓力賀爾
蒙「皮質醇」及引發恐懼反應，長期置之不理會對身體健康及
情緒健康造成極大的影響[15]。持續承受這種羞愧感，還會造成
退縮、自尊低落、社交焦慮、脆弱及抑鬱[16]。我曾經在實際的
心理諮詢工作中觀察到遭受性暴力和性騷擾的個案，因為羞愧
感而出現社交退避的傾向。

無助，會讓你習慣承受痛苦

無助感通常和感覺渺小、無力、脆弱有關，通常當一個人
感覺自己無法改變某個人、某件事或某種情況時，就會出現這
種無助的感受。這是一種緊張不安，只能聽天由命的感受，也
因此會令人焦慮不安。無助感可能會出現在你漸漸控制不了、
無法掌控或感覺快要失去控制的情境下。

一旦失去控制，我們就不可能避開困難或痛苦的情境[17]。
無助就像羞愧一樣，會讓身體啟動恐懼反應，如此一來才能隨
時準備好面對不可避免的情況[18]。無助感有可能成為改變的契
機[19]。只要願意面對及處理自己的壓力源，即便它們超出自己

的掌控，也可能提供一個培養自尊、解決問題技能以及自我效
能（self-efficacy）感 * 的機會 20。

　　然而，當人們長時間處於無助之中——例如長期受到虐待
或被忽視——這樣的感受會更難擺脫，也會帶來危害。不管是
動物或人類，都可能在後天的環境中體驗到這種「學習而來」
的無助感，這種情況和憂鬱很類似，一旦人們習慣承受掙脫不
了的痛苦後，就再也沒有動力去改變或行動 21。這種後天習得
的無助感，就和核心的羞愧感一樣，是一種長期隱忍的心理狀
態，可能需要更深入的關注；像這樣的情況已超過本書要討論
的範圍。

憤怒，既是保護機制，也是溝通方式

　　憤怒有兩個主要功能：一是保護機制，二是促進社交溝
通。你需要允許憤怒的情緒出現，作為一種回應窘迫、傷害或
痛苦的方式。當你認為自己在某個情況下受到錯誤的對待，且
在道德上站得住腳的時候，就很可能會生起憤怒的情緒 22。雖
然憤怒經常被視為一種負面情緒，但它同時也是一種保護性及

---

* 編按：自我效能是指個人對自己具有充分能力可以完成某事和達成某個目標的
　信念。

利他行為的回應方式（例如為弱勢發聲、對不公不義做出回應，或在他人受到傷害時挺身而出）[23]。

憤怒是對看重或在意之物的情感投入。適當地表達憤怒，能讓別人知道他們傷害了你，並且不該再故技重施。同樣的，如果你做了傷害他人的事，對方的憤怒也可能是一種對於痛苦的表達[24]。我看到許多個案，從來不曾對那些冒犯他們的人表達過憤怒，少了憤怒所傳遞出來的訊息，他們的伴侶、朋友、同儕及其他人，就可能繼續用同樣的方式對他們造成傷害。

憤怒當然不是令人愉快的情緒，因為它會造成血壓升高、心跳加快、血液流向臉部（面紅耳赤）[25]——我們也經常把這樣的身體反應，和恐懼或恐慌連結在一起。這些感覺都會讓人無法平靜，因此人們自然會想要迴避。可惜的是，迴避不僅沒有用，還可能造成傷害。重要的一點是，憤怒必須以適當的、有益的、尊重他人的方式表達出來，而具體的做法則會因不同的文化背景而異。

當憤怒的情緒越演越烈（或許是因為無助而不斷迴避憤怒造成的，也可能與過往的痛苦經驗有關），通常會以暴怒、挑釁或攻擊性的形式發洩出來，從侮辱性的言語升級到肢體暴力行為。一般來說，像這樣的行為在美國、英國、澳洲和法國等國家都是不合法的，即便它經常發生。遺憾的是，現在世界上還有許多國家的文化與社會規範，仍然支持這種侵略性的暴力

行為，包括虐待兒童（祕魯、奈及利亞、土耳其、蘇丹）、對親密伴侶施暴（印度、中國、巴基斯坦和約旦），或者性暴力（巴基斯坦、南非）。此外，對特定族群的偏見、刻板印象及歧視，也導致社區暴力持續在全球各地上演，而暴力也依舊被當作解決衝突的方式之一 [26]。

　　憤怒的情緒，從來都不需要用暴怒、傷害或毀滅性的方式來表達，很多人因為本身的憤怒經驗而很難理解這一點。最諷刺的是，隱藏自己真正的感受或迴避憤怒，只會引爆更大的災難。情緒從來就不可能永久壓下去，甚至某些想法還會觸發憤怒，例如：「我還是閉上嘴巴吧，不要說出傷人的話」；「說我很生氣也沒有用，反正也不會有什麼不同」；或是「他們只有在我大吼大叫時才會聽我說話，把我當一回事」⋯⋯即便是像大吼大叫這種有害的情緒表達方式，往往也只會帶來更多的憤怒，而不是人們所期望的情緒發洩及釋放 [27]。

> 憤怒的情緒，從來都不需要用暴怒、
> 傷害或毀滅性的方式來表達。

　　最好的情況是，你只需要簡單地說出自己正在生氣，傳達憤怒的訊息就行。這是做得到的，尤其是當你帶著善意的意圖，願意為了讓家人、社交圈子或工作環境中的每個人都能感

到安全而努力。然而，如果人們「感覺」自己沒有被聽見、不被理解或不被認真對待，或是感到無助、無法改變什麼、別無選擇或難以掌控自己的情緒時，往往會透過更大聲、更嚴厲、更苛刻、更激烈、更酸言酸語、更不可預測的方式來加強表達自己的憤怒，甚至上升到肢體暴力[28]。

滿用憤怒，或是採用不適當的方式來表達憤怒，完全是自己的選擇。然而，憤怒的表達方式，應該要與憤怒的情緒分開來看，因為憤怒的情緒不必然要帶來傷害，也不必然是「不好」的。

大衛就是一個很好的例子。他學會如何用更有建設性的方式來表達憤怒，並下定決心改變自己對女友凱莉咄咄逼人的態度。大衛和凱莉當初是一起來找我做伴侶諮商的，大衛小時候遭受過身體虐待，親眼目睹母親成為父親手下的家暴受害者。因此，他對於使用不當的方式來發洩憤怒、表達憤怒，可以說相當熟悉。

大衛和女友相處時，對話總是很快地變得劍拔弩張，他會說一些殘忍的話、用具威脅的身體姿勢來靠近她，即便他從來沒有真正動手。這讓凱莉開始迴避大衛，不願意和他說話，而她的這些行為更讓大衛生氣，感覺自己被拒於門外，找不到任何方式重新和凱莉建立連結。兩人的關係就這樣陷入了惡性循環。

我問大衛，他在職場上是否也有這樣的情形？大衛說從來

沒有，並為自己的素行良好找了許多理由，例如他需要避免尷尬、遵守職場倫理、害怕丟了工作，以及希望在新接的管理職做個好榜樣等等。我特別向大衛再度確認，職場上的他是基於上述原因，才決定用更有建設性的方式來表達心中的憤怒。接著，我們談到他在工作和親密關係之間的雙重標準——尤其，對方是他真心所愛且考慮結婚的對象。既然他能夠在職場上主動選擇不採用攻擊方式來表達憤怒，那麼回到家中的他，當然也可以用同樣的方式來控制自己的怒氣。

我建議他，試著像對待同事那樣，在親密關係中也做出同樣的決定，並建議他當天晚上就開始這樣做。他接受了我的挑戰。之後，在我和大衛兩人持續的諮商過程中，知道他再也沒有對女友做出任何過激行為了。他能感覺到自己的怒氣在上升，但與此同時，他也一再做出同樣的決定：改變舊有的模式，不再像過去那樣對待凱莉。

難堪，一個修正關係的機會

難堪或尷尬的情緒來自於承認自己犯了錯誤，或是做出的舉動並未達到原先期望的結果。難堪的時候，身體可能會出現不適感，包括心跳加速、肌肉緊繃、臉紅、體溫升高等。人們在難堪時，典型的反應是減少眼神交流、詞不達意、微笑，以

及出現更多的肢體動作[29]。伴隨難堪而來的身體及社交上的不適感，往往會讓我們難以忍受。然而，從社交角度來看，難堪或尷尬也經常讓我們看起來更討喜、可愛；而當我們透過難堪的方式承認錯誤時，人們也通常更容易諒解我們[30]。

調節你的怒火

如果你很難控制自己表達憤怒的方式，有許多方法可以幫助你更有效地調節怒火。包括：

◆ 承認你不擅長管理自己的脾氣。

◆ 決定並承諾使用善意的方式去回應，不口出惡言、不威脅他人，也不會訴諸肢體暴力。

◆ 注意憤怒是以什麼方式、在身體的哪些部位為你帶來什麼樣的體驗。

◆ 在怒火實際爆發之前，留意你表達憤怒的模式。

◆ 清楚意識到你的行為模式，並觀察憤怒時身體有什麼跡象，這麼做能幫助你選擇用更有建設性的方式來表達。

◆ 生氣時，做五到十次深而緩的呼吸，讓自己平靜下來。

◆ 雙手在背後十指交扣，直到冷靜下來。

- ◆ 跟自己對話，鼓勵自己帶著善意行動，並冷靜下來。
- ◆ 駕馭怒氣的浪潮，在怒氣消停之前都不要開口。
- ◆ 說話時不要提高嗓門、不要緊張，也不要語帶諷刺。

---

* 在我的網站 www.DrJoanRosenberg.com/resources90/ 還有更多的表格、引導式練習與相關資源。

當我們表達對於先前的舉動有多抱歉時，更容易引發別人的同情心，為雙方的關係帶來修復和重新連結的機會。承認自己的錯誤，即便難堪，也會激勵我們改變、帶來成長。相反的，倘若我們拒絕承認現況需要改變，就會持續停留在不適用的想法、行為以及與他人相處的模式中。

失望，可能讓你更有同理心

當我們的需求、渴望和期待沒有被滿足時，就會生起失望的情緒。我們對某個正面的結果懷抱著希望、期待或期盼，但結果卻不如預期或非我們所願[31]。失望突顯了我們的無助，讓我們更加意識到對某個情況缺乏掌控能力[32]。

失望的情緒不容易消化，部分原因是它通常會在我們毫無防備時出現[33]。雖然我們知道不是每件事情都能如願，都能按

照我們所想的發展，但在追求夢想的過程中，卻經常會忽略或淡化結果令人失望的可能性。出乎意料的結果會帶來不確定感，而不確定感則會帶來恐懼，這種恐懼遠遠超過在熟悉環境下可能發生的最糟情況。換句話說，當我們遭遇到令人驚訝或意想不到的情況時，就會產生不確定感。

失望可以幫助人們獲得需要的支持，因為它會激發他人的同理心。在親密關係中，表達失望的感受有助於雙方的溝通，並促使對方改變自己的行為[34]。失望也能成為一種動力，經歷過失望的人可能更有動力堅持不懈，或願意更加努力，以實現自己希望達到的目標或結果[35]。

我們可以把失望和懊悔拿來比較。懊悔是，當結果不如所願時，你認為自己做了錯誤的決定[36]。而失望是，當結果不如所願時，你可能還會做出同樣的選擇，只是你希望能獲得一個更好的結果。

我再說得更清楚一點：失望是一種感受，例如「我對……很失望」，而「這次考試沒有考好，我對自己感到失望」卻是一種評判（同樣的，「我感到很羞愧」也是一種自我評判）。無論是失望或羞愧，當你在談論感受或情緒時，只要說出感受就好，而不要用評斷的方式來描述。

沮喪，是憤怒與失望的結合

從生理學來看，沮喪或挫折感會喚醒身體的急性壓力反應（戰或逃系統）[37]。身體的戰或逃反應讓我們在遇到危及生命的情況時，能夠迅速反應——正面迎戰威脅，或為了保全性命而逃跑。嚴重的沮喪或挫折感，可以透過心跳、呼吸和面部肌肉的活動被偵測出來[38]。沮喪還可引導及保持注意力，通常指向的是外在的壓力和挑戰[39]。此外，沮喪也可以成為激勵自己的動力；它會挑戰人們的適應能力，在遇到威脅或壓力時，更有能力去應對[40]。

就實際操作來說，我通常會把沮喪想成是憤怒和失望的結合。最無法容忍挫敗的人，通常是年幼時受到父母過度保護，避免他們去體驗悲傷、失望或其他難受情緒的人。在成長過程中，那些總是能迅速被滿足需求、欲望和渴望的人（父母以寵愛方式教養），或者總是輕易取得成就的人（例如在校表現優異），往往很難消化在現實生活中遭受到挫敗。

早年生活越是順風順水，代表挫敗的經驗相對較少。這樣的人在年齡增長後，會更難承受及消化挫折感，因為過去缺乏這樣的應對經驗。但不管如何，沮喪或挫折感都是人生必經的體驗，也是必須學習的重要課題。

我看過很多人因為不知道如何處理挫折感，而直接選擇放

棄、退縮，或是很快轉為憤怒、發脾氣，這在心理學上稱為「挫折容忍力低」。當然，我們的目標是培養容忍挫折的能力，以便可以用更輕鬆的方式追求想要的東西。

脆弱，無意識與有意識的區別

脆弱是八種不舒服情緒中最獨特的一種，部分原因是它和其他感受會相互作用。我對脆弱的定義與常見的定義不同，我認為脆弱是一種「願意敞開來經歷傷害或學習」的態度。在此，我不只認為脆弱分為兩種——一種是天生的脆弱，和自我保護與生存機制有關；另一種是後天選擇的脆弱——我還認為，脆弱具有雙重性質，它既可以是你最強大的情緒力量，也可以是你的情緒弱點。

無意識的脆弱： 對於這種脆弱最好的解釋，是知名心理學家及神經科學家史蒂芬·波格斯（Stephen Porges）博士提出的「神經覺」（neuroception）這個概念。神經覺是指我們透過潛意識，偵測周遭環境安全、危險及生存危機的能力[41]。作為一種與生俱來的自我保護本能，我把這樣的反應稱為「無意識的脆弱」。這樣的脆弱與以下的觀念有關：我們所有人都是脆弱的，每時每刻都是如此。我們都會受到傷害，也都有過這樣的經驗，我們無法掌控這一點。脆弱從來都是存在的。

　　當我們在生活中實際經驗到一夕風雲變色的情況時,這種無意識的脆弱就顯而易見。一旦現實事件喚起我們的壓力反應,或提醒我們可能會受到傷害,就會強化及放大脆弱的感覺。每當你目睹或經歷突如其來的、預料之外的悲劇或創傷事件——無論是實際發生或只是在螢幕上看到的——都會使得你對本身脆弱的覺知程度瞬間提高。

　　然而,歲月靜好時,我們通常不會時時刻刻或每天都覺知到這種脆弱感。不過,聽聞其他地區的人正在受苦或面臨死亡威脅,通常也會激起我們的同情心與脆弱的反應,尤其是當自己的生活環境與所見所聞有重合之處時(例如,我們會主動參加大型的追思音樂會,或聽到有人在拉斯維加斯槍擊案中喪失生命時)。如果聽說的是遙遠的天然災害(地震、水災、土石流、火災、龍捲風、颶風等)或人為傷害(槍擊、強暴、戰亂等),身體不一定會感受到脆弱。是否會對我們產生影響,要看我們對脆弱的覺知程度。

　　有意識的脆弱:接著,就是後天選擇的脆弱。當我們認真地考慮在個人、職業或社會上承擔風險時,就等於把自己暴露在可能出現的傷害之下(例如被嘲弄、取笑、戲耍或受窘),你可以想想公開演講、體育競賽、表演、唱歌、樂器演奏,或分享文字及藝術作品等情境。就連在朋友面前玩遊戲或表演,也可能引發這種脆弱感。難堪、無助是最常與脆弱一起出現的

兩種情緒。

　　從更私人的角度來說，分享自己的人生經驗及故事，也會涉及有意識的脆弱。表達失望、悲傷、憤怒，甚至是關心及愛，都是有意識且刻意地表現出個人脆弱的一面。

> 有意識地選擇展現自己的脆弱，
>
> 那才是最強大的情緒力量。

　　我認為，有意識地選擇展現自己的脆弱，那才是最強大的情緒力量。當你知道展現脆弱的最糟情況（例如最後結果是失敗了），就是你將會經歷到其他七種不舒服情緒的一種或多種，而且你也清楚知道自己能掌控這些情緒時，就會更願意去冒險追求可能會使你感到脆弱的活動或事物。

　　當你相信自己可以自在地去體驗並度過下頁上圖中的所有情緒，就更可能願意展現自己脆弱的一面，去冒險追求想要的東西或目標。

　　於是，所謂「有意識的脆弱」，其實就是主動選擇脆弱。主動選擇脆弱，意味著你有意願去忍受其他七種不舒服的情緒。但代價也不過如此而已。為什麼？因為這些情緒，是你在事情不如所願時，最可能也最常出現的感受。一旦你能掌控這七種情緒，就能處理好自己的脆弱，無論是有意識的脆弱或無意識

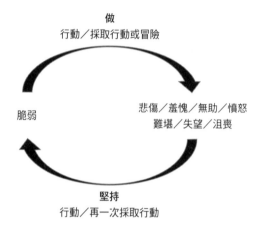

我們也可以從相反的方向來看這個模型。

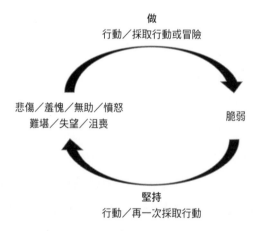

的脆弱。從哪裡開始並不重要，重要的是你願意開始。左頁下圖中不管是哪個方向，你都會體驗到這些不舒服的情緒，兩者都會帶來相同的結果：感覺自己更有能力，同時也擁有更多資源。

脆弱和情緒弱點：我們再回過頭來談談脆弱和情緒力量的關聯。正如我先前所說的，當你有意識地選擇「放手一搏」、不畏失敗，就是在展現你最強大的情緒力量，因為那意味著，你願意為了追求對自己來說有意義的事或目標，而去承擔可能的風險。

然而，如果你自認為軟弱，或用這樣的方式描述自己，通常是因為你在其他地方感到脆弱——在這種情況下，脆弱代表你意識到自己可能會受到傷害，因而不願意冒險去承受可能隨之而來的難受情緒。我簡單地重述一下，在第 1 章我曾經提到，任何讓你斷開或壓抑自己的情緒經驗、分散注意力的態度或行為，都會讓你變得更脆弱（在情感上變得更軟弱）。當你用這樣的方式行動時，將無法連結到那些能為你提供保護的想法、感受、需求、感知能力及其他訊息。因此，你就更可能會受到傷害，因為你沒有太多的情緒資源可以透過真誠、有益的方式，來對應不同的情境與事件。

舉例來說，有名女性的伴侶經常用言語羞辱她，但她總是刻意忽略及淡化自己的失望和憤怒。這種狀態有可能導致以下幾種結果。首先，日復一日之後，她可能會更難與自己的真實

感受連結，或者就算她能夠連結到這些感受，她的憤怒也不再能用來保護自己——因為她對這樣的憤怒已經視而不見太久了。無論是哪一種情況，都只會讓她覺得自己更加無助，也更加軟弱（脆弱）。

情緒覺知表

這份情緒覺知表（Emotional Awareness Grid），能幫你更充分覺察到自己如何回應內在的感受。表格最左欄是八種不舒服的情緒，而最上面的橫列，從左到右分別是你對這些感受的各種可能回應。你可以根據自己的狀態，在最能精準描述你目前感受的位置，以一個 ✓ 或 × 來做記號。

大部分人在面對這八種情緒的一種或多種情緒時，都不太容易輕鬆度過——我很少遇到有人能夠相對輕鬆地體驗這些情緒（當然，輕鬆體驗是我們所有人的目標）。有些人對於右頁表中的每一種情緒，全都如坐針氈地很難挺過去。如果你的情況正是如此，別擔心，我們將共同努力實現此一目標。

不壓抑也不採用轉移注意力的方式，你可以多麼游刃有餘地掌控這些情緒呢？第一步永遠是覺知到它們的存在，所以先把以下表格逐一填好！

	完全被壓垮	當作不存在	忽略	迴避	承認	容忍	接受	擁抱並學習
	1	2	3	4	5	6	7	8
悲傷								
羞愧								
無助								
憤怒								
難堪								
失望								
沮喪								
脆弱								

* 在我的網站 www.DrJoanRosenberg.com/resources90/ 還有更多的表格、引導式練習與相關資源。

情緒體驗表

現在，再用另一種不同的情緒體驗表（Emotional Experience Grid），觀察你是如何從轉移／忽略情緒，一路進展到把情緒完整表達出來。在合適的表格裡打個勾（✓）：**轉移／忽略／壓抑／情緒盤桓不去；覺知**到身體的反應（例如感覺很難

過，或是流眼淚）；允許身體**充分體驗**這種感受（例如不停流
淚、大哭）；最後，你是否能夠坦然或適當地對引發你情緒波
動的人**表達**你的真實感受。

	轉移／忽略／壓抑／情緒盤桓不去	覺知到身體的反應	充分體驗	透過言語表達
悲傷				
羞愧				
無助				
憤怒				
難堪				
失望				
沮喪				
脆弱				

　　調節情緒有困難的人，在體驗及表達感受上更是難上加
難。從上表填寫的結果中，留意哪一種或哪幾種情緒是你特別
抗拒或無法表達出來的。對於處理這些情緒，你的挑戰是什
麼？你知道自己為什麼會覺得難以處理嗎？寫下你的觀察結果。

> 你比你想的勇敢，比你看起來的強壯，比你以為的聰明。
> ——英國作家艾倫‧亞歷山大‧米恩（A. A. Milne）

情緒調節的關鍵

　　現在，你已經對自己體驗到的不舒服情緒有了更清楚的認識，也知道你最無法控制及處理的是哪些情緒。接下來，我們要進一步來看看，當這些情緒出現時，你應該「怎麼做」。這包括承認、接受，以及相信你的想法、感受、需求、感官及感知能力[42]。一旦你意識到情緒經驗所包括的所有要素，就能進一步評估、理解並並利用這些訊息來做決定、表達自己，以及採取行動[43]。

　　當不舒服的情緒生起時，有些人會迅速切斷、轉移注意力，或是關上心門不願去體驗。最近我和兩位四十多歲的女性談過話，她們坦白告訴我，自己已經幾十年都沒有掉過眼淚了。其中一位女性長期壓抑自己的悲傷和淚水，導致強烈的頭痛與下巴痛。另一位女性則是無法充分體驗自己的情緒，她只是淡然地談自己的想法，卻無法描述自己有什麼感覺。當這兩位女性開始了解並嘗試羅森伯格情緒更新技巧後，眼淚開始流個不停，並在情緒浪潮平息過後，立刻體驗到了內心的平靜、安和。持續練習之後，她們都說與伴侶的關係變得更親密了，因為她們能敞開心，讓另一半了解她們的內心世界。

　　二十五年來，我在研究所授課時，一談到情緒議題時都不免提到轉移注意力的這個概念。有一次，當我連續數週和學生

討論這個問題，並讓他們進行課堂討論時，其中一名叫愛瑞兒的研究生，分享了自己的親身經驗。她說，一直以來她都是透過分散注意力、切斷連結的方式來處理自己的感受，尤其是與情緒相關的身體反應。

愛瑞兒描述她日常看電視的模式：每當她看到任何會觸發自己不舒服情緒的事件報導或節目時，就會立刻切換頻道。不管是懸疑劇造成的焦慮、憤怒或暴力的情節、令人同情的新聞，或是悲傷煽情的廣告——只要有不舒服的情緒冒出來（這些情緒會刺激身體起反應），她就會馬上轉台。

以愛瑞兒的例子來說，她的目標就是在丹尼爾・席格博士所說的「容納之窗」（window of tolerance）內處理好自己的情緒經驗 44。所謂的容納之窗，是指你在面對壓力及情緒時，身心可以承受及處理的範圍，也就是說，只要不超出容納之窗的範圍，不管是生活事件或情境觸發這些反應，都不會自亂陣腳，失去如常運轉的能力 45。

愛瑞兒在意識到自己總是試圖迴避內心的感受後，使得她在體驗和處理這些感受的方式發生了重大的變化——首先，她注意到了自己的行為模式，接著，她試著在情緒出現波動時，忽視自己想切換頻道的衝動。最後，她終於學會了如何駕馭情緒浪潮。

愛瑞兒非常希望能改變自己的行為模式，她慢慢能覺知到

自己生起了什麼樣的感受，同時也能感覺到哪個身體部位出現反應。接著，她和自己的情緒經驗待在一起，好讓日後對這種感受有更高的容忍度。過了一陣子後，她終於意識到自己之所以會在看電視時迴避不舒服的情緒，是因為不願回想起過去的痛苦記憶。而現在，當她回想起這些事件時，已經能夠單純地將它們視為記憶，並把注意力放在她能從這些人生經驗學到什麼。後來，她漸漸能對他人表達自己的心事，不再像過去那樣，把情緒隔絕得遠遠的，這種習慣讓她有好長一段時間都停滯不前。

愛瑞兒用情緒更新技巧來處理情緒帶來的不適感，這也讓她的容納之窗變大了，更有能力去調節不舒服的想法、感受及體感覺。在擴展了容納之窗的範圍後，愛瑞兒發現，以往會觸發情緒反應的刺激（例如電視節目的內容），現在也不再那麼具有威脅性了。

愛瑞兒的故事很有趣，其中提到了像看電視這樣簡單的日常活動。然而，即便是這麼日常的活動，她也會刻意（雖然是下意識地）去抗拒任何可能會觸發情緒的機會，因為她擔心這些情緒會讓自己不舒服。直到我們開始做課堂討論時，她都還以為自己只是習慣性地切換頻道而已，從來沒有想過頻繁轉台的習慣，事實上是一種迴避不舒服情緒的應對機制。

你的容納之窗有多大？

過去，愛瑞兒的情緒太容易被觸發、煽動及活化——用神經科學的術語來說，就是過度警覺（hyperaroused）——也因此，愛瑞兒沒有能力去處理被電視節目所觸發的想法、畫面、感受、記憶及體感覺，這樣的自己也無法保有自我意識和覺知[46]。這些原本不具有威脅性的情境，卻在愛瑞兒身上出現極端的情緒洪流，使得她的情緒完全失衡。

此外，還有人可能出現另一種極端現象，也就是警覺過低（hypoaroused）或完全麻木。警覺過低的人，不像過度警覺那樣時時回應、情緒亢奮，他們會完全封閉自己，麻痺自己的情緒。警覺過低的人甚至可能沒有體感覺，鮮少有情緒反應、長期處在情緒麻痺狀態，或是感覺自己就像行屍走肉一般地空虛活著[47]。

無論是上述哪一種極端反應，長久下來，都會演變成不良的適應模式，尤其是在不需要有這兩種反應的情境下更是如此。顯然，不管是過度警覺或警覺過低，人們不是被情緒壓垮，就是被情緒淹沒；而處理這兩種情緒浪潮的策略是不一樣的。過度警覺的人會選擇回應和爆發，而警覺過低的人則選擇關上心門並退縮。或許，你身邊就有這樣的人。同樣的，你也可以想一想，你自己更偏向哪一種類型？

許多因素都可能影響容納之窗的擴大或縮小，這種影響甚至每天、每時每刻都在發生。例如，當你感覺平靜、安住於心、滿足、神清氣爽或精力充沛時，你的容納之窗就會擴大；相反的，當你感覺身體疲乏、情緒耗弱，就有可能讓你的容納之窗縮小[48]。與你所愛的人在一起或感覺受到支持時，容納之窗會擴大；和不認識或不喜歡的人在一起，則會讓容納之窗縮小。保持好奇心會讓容納之窗擴大；而動不動就批判的態度，則會讓容納之窗變小。

我們可以從另一個角度來理解容納之窗，這裡以看恐怖片來說明。喜歡看恐怖片的人，說他們喜歡腎上腺素飆升的感覺，或是喜歡被恐怖劇情激起的身體反應。討厭看恐怖片的人，基本上也是一樣的原因：他們不喜歡身體因為恐怖片中的暴力威脅、不安、攻擊和驚嚇等情節而觸發不舒服的感受。在這個例子中，沒有所謂「比較好」或「比較不好」的反應，討厭看恐怖片的人只不過是容納之窗比較小，而喜歡看恐怖片的人則是對於影片內容所激起的身體反應，有更大的容忍程度。

容納之窗能幫助我們理解，為什麼同樣的經歷放在不同人身上，會引起如此不同的反應。除了容納之窗，其他影響我們感知情緒的因素也同樣重要，例如情緒強度、敏感性及恢復過程等等[49]。以這八種不舒服的情緒來說，我們可能在自己身上體驗到每一種情緒的不同強度，不僅觸發程度有極大的差別，

覺知到的情緒體驗，強度也可以非常大或非常小。一旦對刺激做出回應，你的感受強度會視當下釋出的神經傳導物質，以及大腦中放電的神經元數目而定 [50]。從神經生物學的角度來看，當我們說感覺就像「被情緒淹沒了」，是非常貼切的描述。

許多人可以坦然面對好幾種不舒服的情緒，卻對某種情緒束手無策。舉例來說，我能夠好好處理悲傷、憤怒和難堪，不會讓這些情緒失控或拒絕去體驗。但我卻接受不了任何程度的失望，只要失望的情緒一生起，就會覺得自己快崩潰了。對我來說，失望感強烈到令我承受不了。

敏感度也是如此。敏感度是指足以啟動「評估系統」的最小刺激程度 [51]。評估是大腦的一項功能，它提醒我們立即去密切關注當下正在發生的事情。你會發現到像以下這兩種模式：有些人會「一觸即發」，幾乎不需要什麼刺激或挑動就會馬上做出反應；相反的，有些人則始終都是「事不關己」，似乎對周遭發生的所有事都無動於衷 [52]。像後者這樣的人，甚至意識不到身邊的「低氣壓」氛圍。有些警覺性過低的人，甚至對於外在的一些明顯跡象感覺遲鈍。如果以一分（最低）到十分（最高）的等級來評估的話，假設我在尷尬程度是三分時，察覺到尷尬的情緒，而你一向不輕易覺得尷尬或難堪，那麼尷尬程度到七分時，你才會察覺到。

容納之窗、情緒強度及情緒敏感度，都能幫助我們理解每

個人對於情緒的體驗是如此不同，同時也會以不同方式回應這些情緒。假設我們都面臨一個同樣的情境：好友再一次地無故缺席自己的生日派對。如果是我可能會很傷心，而你可能會很生氣。因為對我來說，要觸發憤怒的情緒需要更高的刺激程度；而對你來說，則需要更大的刺激才能讓你感覺到傷心。由此可知，每一個人都有自己最容易被觸發、也最容易產生的情緒。

再來說到恢復過程，也就是你如何「度過」情緒反應，重新回到平靜狀態。這就是前面提到的，當情況超出容納之窗的容忍範圍，你能多快、多輕鬆地讓自己被安撫下來[53]。深呼吸、冥想、重拾理智或反思自己的想法和感受，跟支持你的朋友說說話、寫日記、出去散步，以上這些都能幫助我們調節情緒，降低情緒反應的強度，更快恢復到平常狀態[54]。

根據我的觀察，無論是我的諮商個案或其他人，對這八種不舒服情緒的強度、敏感度及恢復過程都不一樣。你所感覺到的悲傷，和我的悲傷不一樣；我如何體驗憤怒、表達憤怒，也跟你的方式不同。同樣的，我從各種情緒回復過來的速度，也不會跟你的恢復速度一樣。以此類推。情緒體驗是因人而異的，是獨一無二的。基因、性情、生活史及創傷經驗，這些都可能影響到容納之窗的擴大或縮小，也會左右情緒強度、敏感度、恢復程度，以及你處理特定情緒（例如失望、憤怒）的方式，並進一步影響你與他人的互動模式[55]。

> ### 高敏感族群
>
> 　　我身邊有許多人自稱為高敏感族或共感人，他們的感受非常強烈及敏感，經常說自己不只會感受到本身的情緒，還會「接收」到來自他人的情緒。於是，他們就更常被情緒洪流所淹沒。如果你也是高敏感一族，或許你需要發展不同的情緒對應策略，建議你看一看心理學家伊蓮‧艾融（Elaine Aron）博士的這本書──《高敏感族自在心法》（*The Highly Sensitive Person*）[56]。

說出來，為你的情緒或感受命名

　　研究有助於解釋為什麼精準地為某個情緒及感受標註或命名，會如此重要。當我們把感受用語言表達出來時，其實就改變了神經對情緒的反應。美國南加大心理學家馬修‧利伯曼（Matthew Lieberman）博士曾經提到，為情緒或感受命名，能讓人們從情緒狀態轉移到思考狀態。利伯曼在研究中發現，一旦把感受標註出來，就會在大腦中觀察到一種變化：杏仁核（戰或逃反應中心）和邊緣系統的活躍程度會降低，而右腹側前額葉皮質（負責思考的腦區）的活躍程度會增加[57]。

　　雖然利伯曼博士把為情緒命名稱為一種「附帶的情緒調節

策略」（他是在研究中誤打誤撞得出了這樣的結果），但刻意去思考或反思不舒服的情緒，確實是處理並調解自身情緒體驗的有效方法[58]。精準為你的情緒命名或標註（例如生氣、害怕），可以帶來多種效果，包括讓自己平靜下來、放慢節奏、回歸於心、降低被情緒淹沒的感受、減少衝動，以及增加自己的掌控程度。這麼做非常有效；研究也發現，無論是說出來或寫下來，都能達到同樣的效果[59]。

　　如果你長久以來已習慣了迴避真實的感受，或許一開始你只能說出某些感覺是「好的」或「不好的」，因為你還不擅長去區分不同的情緒狀態；但時日一久，你就能用比較常見的字眼來描述自己的情緒，例如「感到被傷害了」或「難過」。一旦越來越熟悉如何辨認並描述你的感受，你的情緒體驗就會完全不一樣。最後你會感覺自己變得更有力量，有更強大的情緒力量、更有自信，也更平靜了。

　　無論在我的工作或個人生活中，我都見證到把感受精準表達或反映出來，確實會帶來更多的平靜感。這也意味著，你不能只是含混地說自己感覺很難過或好受傷，因為這樣的描述太籠統，無法完整傳達你的真正感受。想要用自己的語言描述不舒服的情緒，可以先用本書的八種不舒服情緒作為參考。

　　諮商時，我經常會聽到個案用「失控」、「抓狂」來描述他們強烈的情緒狀態。通常這意味著，他們當時傷心到大哭，

或是非常生氣、非常沮喪。從這裡可以看出，用「失控」、「抓狂」來形容自己的情緒有多麼含糊不清，而且比起直接說自己很傷心、生氣或沮喪，「失控」、「抓狂」的用語聽起來更誇張、更極端。精準地為自己的情緒命名，可以改變你體驗到的情緒強度。

我提出的這八種不舒服的情緒——悲傷、羞愧、無助、憤怒、難堪、失望、沮喪與脆弱——都是我們日常生活中最常見的不舒服反應。這些情緒會影響我們的決定、現在或想要發展的人際關係，以及我們想要追求的夢想。然而，我們的做法卻是竭盡全力地迴避它們。

許多常見的情緒問題或挑戰，都可以歸結為難以面對或處理這八種情緒。當然，人類是複雜的生物，你的情況可能要複雜許多。如果你很難容忍這八種不舒服的情緒，那麼很可能會在人生的一個或多個領域中苦苦掙扎，例如人際關係、成癮，以及追求個人的愛好、目標或夢想。然而，並不是說這八種情緒都會讓你無法承受，事實上，這樣的情況反而很少見。一般來說，你只會對其中幾種（或甚至只有一種）不舒服的情緒過度反應而深陷其中。

然而，如果你能讓自己去體驗並度過這八種不舒服的情緒，你將會感覺自己更能安住於心、更冷靜、更自信，復原力也更強。接著，經驗會帶給你信心，除非你覺得自己有能力在

事情不如意時處理好情緒問題，否則你就不可能覺得自己有力量，也不會對自己有信心。能夠完全去經歷並處理好這八種不舒服的情緒，是通往自信、復原力及真實人生的第一步，同時這也是愛自己的第一步。活出嚮往的人生，勢必包括愛自己在內！

第二部

避開情緒陷阱

你在想什麼、怎麼想？錯誤的思考模式會造成極大的破壞性，不僅妨礙你擁有幸福及快樂，還會深入身體的每個細胞，形成健康隱患。

AVOIDING PITFALLS

辨識及應對情緒干擾

　　你用什麼方式來切斷或阻隔與自己的內在連結呢？簡單來說，這一章的重點就是：你是如何削弱或破壞自己的情緒力量。當你決定斷開自己的感受或轉移注意力時，就是選擇用疏離的方式，短暫擺脫不舒服的情緒，從不舒服的情境或經驗逃離。遺憾的是，日子一長，每一刻你所做出的這些決定，無論是有意或無意為之，都會向你索討高昂的代價。當你轉移或分散注意力，不想窺見真相（包括你的想法、感受、感覺、觀察或知曉），就等於門戶洞開讓一連串的挑戰紛紛湧入。

　　轉移注意力的方式不一，例如否認、漠視、懷疑、質疑，以及任何一種強迫或成癮行為（酗酒或藥物濫用、暴飲暴食、強迫性購物是最明顯的幾個例子），或者任何讓你能逃離的思考或行為模式。你分心的程度以及持續的時間（幾個月或幾年），都會影響你日後將遭遇的挑戰。這些挑戰可能包括身體的疼痛與不適、焦慮、情感麻木或精神沮喪。關鍵在於，你必須辨識出你習慣採用的分心方式，才能一次次選擇和當下的經

驗保持連結。

一旦你做出這樣的選擇後,就會意識並覺察到你理應知曉的一切。你會開始認可不舒服的想法或情緒確實存在,不再忽略它們或拿其他事物來轉移注意力。察覺你的情緒並與之連結,是打造情緒力量的第一塊磚;相反的,切斷連結則是完全背道而馳的做法。這樣的覺知程度,足以為你開啟一個決策及表達自我的空間,然後採取行動──以上這些因素都能幫助你提高自信。

這種覺察到內在經驗,並有足夠的敏感度去體驗它的能力,就叫做自我調頻(self-attunement)。具體來說,它包括從三個基本層面去吸收並消化訊息的能力:(1) 認知(想法、態度、信念、詮釋方式、記憶、意圖、價值觀及意義);(2) 情緒(情緒和感受,也可以說是表達情緒的方式),以及 (3) 感覺動作(sensorimotor,身體和感官對刺激的反應、體感和動作)[1]。透過這樣的調頻帶來的訊息與知識,就是情緒力量的基礎。

人之所以要有感受,不是沒有原因的。當我們拒絕承認自己的感受,就等於否認了這些感受的用處。為了培養面對生命挑戰的足夠力量,我們必須經歷最真實的情緒。正如我所說,要培養情緒力量必須完全處於當下、時時刻刻都要覺知到正在發生什麼,並知道所有你應該知道的。當你看到自己可以自在地控制不舒服的情緒時,你會開始感受到前所未有的力量。

如何在情緒高漲時不失控？

　　當人們一心一意想要掌控一切時，就會很容易轉移注意力或關上自己的心門。當八種不舒服情緒的任一種生起時，人們可能會覺得自己暴露在外、受到威脅，或陷入騷動和混亂的狀態。即便我們已經意識到這些是錯誤的訊息，情緒會生起只是為了保護我們，但我們還是會覺得，握有控制權才能安心，即使這是一個虛假的概念。你身邊有多少人曾經用「控制狂」來形容自己？或者說，有誰最怕「失控」？或許，你自己就是如此？

　　「控制」這兩個字，意味著要從外界強加一些什麼，或者自我之外有什麼事正在發生。或許你已經注意到，有些人會試圖去掌控某些情況或事件（例如一天的行程、休假活動的安排、衣櫃及抽屜的擺放方式、書桌上的物品要如何擺放等等）。你也可能發現，有些人會想要操控他人的反應、決定或情緒（例如為了想要的結果去操縱他人的情緒，或者刻意塑造某種形象與名聲等等）。

　　問題在於，人們以為要改變這種控制問題，必須要從外部下手，例如改變自己感知環境的方式，或者學會在情緒化的情況下引導自己。然而，真正要關注的，其實是人們的內在世界，也就是那些混亂、失控的感覺所生起之處。一旦「內在世界」脫序而難以掌握，就會試圖更用力地掌控「外在世界」，

因為這麼做會讓自己感到舒服。

因此，我發現人們經常搞混了控制的概念，以為透過防止或阻斷的方式，他們能夠掌控自己的感受。當然，你確實據有一定程度的控制能力，比如你能控制自己想什麼以及怎麼想（你的實際想法和思考模式），你也能控制自己要做什麼和怎麼做，但你從來無法控制自己將會經歷什麼。在這些情況中，你真正想控制的，其實是你對日常的生活事件和情境最自然而然、自發性的當下反應。

記住，想法、感受、需求和感知一旦進入到你的意識層次，你可以處理它們，但你無法防止它們出現。在這樣的情況下，對失去控制的恐懼，事實上是害怕自己必須去感受那些不想要的情緒──而通常這是指八種不舒服的情緒。

> 對失去控制的恐懼，事實上是
> 害怕自己必須去感受那些不想要的情緒。

因此，當人們提到控制，真正的問題通常都與無法體驗內在情緒有關。他們通常不願意去感受情緒，會試圖防止或阻斷情緒出現，或是希望有條件地參與。失控通常意味著失去「舒服的感受」（例如感到悲傷、失望或憤怒）；這八種不舒服的情緒確實讓人難受，有時還會深陷一種痛苦的情緒狀態。失去

自在感或失去控制，也可能意味著感覺自己變得更脆弱。

　　當我們變得更有覺知並意識到自己的情緒狀態時，就有能力去監控、調節或修正自己的情緒和感受，但前提是必須在帶著覺知的狀態下。有了這種自我覺知，就能選擇要如何回應、如何詮釋你的經驗，以及決定採取什麼行動。但首先，你必須和自己的每個經驗合作[2]，而不是將它們拒之門外或切斷與它們的連結，或是轉移自己的注意力。

　　這樣做的目的，是幫助你盡可能地接觸正在承受的情緒經驗。理想的情況是，你能夠自由地、流動地、自發性地透過經驗及對自己的認知，取得所需的情緒訊息。你的目標就是採用一種靈活、有應變性的方式來調節自己的情緒，以正確應對人生中的各種情境與事件。

切斷情緒的骨牌效應

　　莉亞和卡特是一對四十歲出頭的白領夫妻，莉亞從事娛樂產業，而卡特則是商業顧問。他們結婚剛過十二週年，育有兩個孩子，傑森十歲，克洛伊七歲。他們的婚姻出現了各種問題：其中一方的母親干涉太多、兩人的工作壓力大、經常需要出差、聚少離多，以及家裡的經濟狀況很吃緊。

　　此外，夫妻兩人都不願主動溝通。卡特的手機經常因為各種社群媒體動態、新聞、朋友訊息及體育消息而響個不停，莉亞往往因為卡特手機不離手而生氣。卡特則看不慣莉亞的消費行為，只要她心情不好就會上網狂買東西。此外，莉亞每天晚上都能一聲不響地喝掉好幾杯酒，這讓卡特很擔心她的喝酒習慣。顯然的，他們各自都找到了逃避自己和婚姻的方法。

　　因此，幫助莉亞和卡特重新建立良好關係的第一步，就是先讓他們看見這些轉移注意力的活動，正在讓彼此越來越疏遠。一段時間後，莉亞和卡特終於達成協議，同意停止那些會造成生活干擾的習慣，並試著去接觸那些不舒服的情緒，以及開始進行困難的對話，當初他們就是為了逃避這些，才會透過上述活動來轉移注意力。然後，他們才能夠更進一步去處理讓彼此漸行漸遠的諸多原因。

　　雖然覺知到自己的情緒，並時時連結到每個當下的體驗，是我們最重要的目標，但許多人都像莉亞和卡特一樣，早已養成某些習慣的模式，在情緒經驗一出現時，就下意識地切斷自己與情緒經驗的連結。

　　顯然，有無數種方法可以幫助你忽視正在發生的事——基本上，只要你想逃離不舒服的經驗，就有無數種應對策略可以使用。這些策略可能互相有關，或甚至幾乎重複，但每個人都能依據自己的需求，從不同角度用來切斷連結或轉移注意力。

當局者迷,或許你無法窺見自己的問題,但或許能從他人身上窺見自己迴避情緒的方式。

筆記 5:列出可能會讓你分心的事物

在開始以下的練習之前,先想一想你可能會用什麼方式來轉移不舒服的情緒?花點時間盡量把全部答案寫下來,然後再比對我下面列出的活動或習慣,或許其中有些部分吻合,有些部分是我尚未觀察到的。倘若你寫不出來,可以參照我下面列出來的問題來回答。

【練習】:辨識出你的分心策略

回答下列問題,如果與你的情況吻合,請於空格內打勾(✓)做記號。此外,還可以針對每個問題深入想想,你要逃避的是什麼。通常我們想逃避的,應該是八種不舒服情緒中的一種或多種,或是某些不開心的想法或觀察。花點時間,把你身上正在發生的事情好好寫下來。

☐ 當八種不舒服情緒中的任一種或多種情緒生起時,你是否會用其他活動讓自己切斷感受、轉移注意力、壓抑情

緒或關上心門？

　　工作、睡覺或運動，最常被用來轉移注意力。你都用哪一種呢（如果有的話）？

☐ 你是否會使用 3C 產品、遊戲或其他設備來轉移自己的注意力？

　　玩遊戲、上網、看手機可以輕易就讓人轉移注意力，並完全沉迷。如此一來，就可以遠離自己的真實感受和情緒衝突。你會沉迷在上述這些活動中嗎？

☐ 你是否有過某種成癮或強迫性行為，好讓自己屏蔽或切斷痛苦的情緒？

　　例如強迫性或情緒化進食、暴飲暴食；故意挨餓；過度運動；濫用酒精、毒品、處方藥或類固醇；強迫性購物或囤積症。把你可能採用的行為寫下來。

☐ 你是否過度關注身體或抱怨身體不適，好讓自己不用面對那些不舒服的情緒？

　　關注身體、抱怨身體不適，通常比處理不舒服的情緒容易得多，也更能被人們接受。有時候，你可以把身體的不適當成一種隱喻，來幫助你辨識正在面對的情緒

問題是什麼。例如，肩膀無故疼痛，可能是你正在「肩負」或背負太多重擔；皮膚過敏，可能是你藏著掖著什麼讓你不爽的東西，沒有表達出來，或是有什麼人或事情正在激怒你，而你沒有意識到或沒有表達出來。你是否曾經抱怨身體不適卻找不出原因，有可能真正的癥結就在於你的情緒。

☐ 你是否會用某些常見的防禦機制，好讓自己遠離痛苦的情緒？

　　否認、幽默、理智化（intellectualization）、合理化（rationalization）或轉移（displacement）是人們經常使用的防禦機制。你也是如此嗎？你會採用以上哪幾種方法呢？

☐ 你會轉換情緒嗎？

　　這裡指的是，把那些讓你很難承受的情緒轉換（transmute）成其他情緒來表達。一般來說，男性不太會處理悲傷、失望或脆弱等「柔軟」的情緒，於是通常會改用生氣、沮喪、壓力、緊張、毛躁或暴怒等方式來表達；女性則比較不會處理憤怒或挫敗這一類「較陽剛」的感受，通常會改用受傷、失望、悲傷或淚水來表

達。如果你也有這樣的現象，通常你需要轉換的情緒是什麼呢？

☐ 你是否習慣依賴某種預設情緒？

有沒有哪一種情緒是你特別抗拒或難以承受的？或者有沒有哪一種情緒，是無論你正在經歷怎樣的感受，都一概用它來表達？這可能意味著，你習慣用同一種情緒（比如悲傷）來回應大部分的情況，但你正在經歷的可能是其他不同的感受。有些人的情緒反應永遠是憤怒，即便他們內心除了憤怒之外，還有其他感受。如果一個人總是只允許一種情緒被表達出來，很有可能他（她）無法去體驗或表達其他不舒服的情緒，尤其是位於光譜另一端的情緒。你有自己習慣依賴的預設情緒嗎？是什麼？

☐ 你是否只允許自己用焦慮的形式去體驗所有感受，而不是真正去體驗憤怒、悲傷、失望或其他不舒服的情緒？

你感到焦慮嗎？如果你對自己很誠實，或許會發現你的焦慮實際是在掩蓋其他不舒服的情緒。在下一章，我們會進一步來談談這個部分。不過，根據我的經驗，在所有不舒服的情緒中，我發現人們似乎更容易感受到

焦慮，尤其當這些不舒服的情緒（比如憤怒和失望）是針對某個人、需要被表達出來，並可能造成更大的不適感時。如果能夠在每個當下去經驗內心真實的感受，才是真正的自由與解脫。如果你經常感到焦慮，是不是正在用焦慮來掩蓋其他情緒呢？如果是的話，你要掩蓋的是哪一種不舒服的情緒呢？

☐ 你是否會對自己所經歷的大多數事件一再質疑？落入一個永無止境的自我質疑的循環中出不來？

　　這樣的做法很可能會癱瘓你的情緒，讓你無法表達自己或無法採取行動去達成目標。持續不斷的質疑會讓人麻痺，不僅對你有害，也會讓你感覺脆弱。把最近糾纏你的問題或現在仍在折磨你的疑惑寫下來，然後從中選出一個深入叩問，看看是什麼情緒或感受驅使你產生這些疑惑，並把它寫下來。

☐ 你是否會把推論或推理當成轉移真實感受的一種方式？

　　這種情形和上面一題很類似，都是在為發生的事編造原因和故事，這樣做會讓你偏離對事件的真實反應。你是否會為某件發生的事找理由、去合理化或編造一個背景故事，而不是單純接受它？如果你曾經這樣做過，

找理由、編造故事對你有幫助嗎？

☐ 你是否感覺困惑或猶豫不決？

　　猶豫不決或宣稱自己很困惑，可以讓人不用馬上做決定。尤其是當你覺得可能無法做出正確決定，或是覺得自己可能會因結果不如預期而大失所望或難堪時，更可能用這種方式來拖延。困惑和猶豫不決也會讓人轉移注意力。把那些你因為困惑和猶豫不決而遲遲未能決定的事情寫下來。

☐ 你覺得自己「卡住」了嗎？

　　當你想到要開始一個新計畫，或甚至已經起步後，你會有卡住或停滯不前的感覺嗎？如果你害怕對結果感到失望，就有可能會先喊停，但最後你確實會失望，因為你一直卡在這裡沒有往前。或者，你也可能設下特別高的標準，而讓自己無法前進。想要擺脫這種停滯狀態，方法無他，就是採取行動。只要開始，做點什麼都好。下定決心，不要停下來，因為你所創造的動力會帶來更多動力。你想完成什麼計畫或想達到什麼目標呢？你會為了創造動力，而採取什麼樣的行動呢？

☐ 你會因為既有的情緒而再生起其他情緒嗎？

　　你會因為自己的悲傷而感到生氣嗎？或者，你明明覺得很生氣，卻認為自己不該生氣，於是對自己的憤怒感到失望？或者，你因為失望而覺得難堪？對自己既有的情緒又生起另一種情緒，也是一種轉移注意力的手段，好讓你的注意力從最初的反應、最真實的感受轉移開來。生起的第二層感受是為了掩蓋真實的原始感受，而前者還會帶來更多情緒上的困擾和問題。關於這個主題，我還可以舉出無數個例子。你曾經出現過這種情況嗎？

☐ 你是否會把不舒服的感覺擴大，讓它變得更極端？

　　以珍妮爾為例，她就曾經歷過多層次的失望情緒。在我們談話過程中，她用來形容失望的字眼，從「令人失望」逐漸升級到「感到絕望」。她能夠處理每一次的失望感受，但當所有失望一起壓下來時，卻幾乎把她壓垮了，讓她從失望轉為絕望。泰德則是把失望情緒轉換為痛苦和憎恨，以至於沒有人想再和他往來，因為他實在太消極了。或許你也經歷過悲傷，卻用另一種更極端的方式來描述它。當你感受到比實際情況更極端的情緒時，那些原本自然生起的健康情緒就會變得有害。像悲傷這樣的感覺，很容易就會被放大成更具傷害性的類似

感受，比如痛苦或怨恨。我們對某些情緒的極端反應會創造出內在壓力，這樣的回應策略會使人變得麻木、衰弱，最後導致自暴自棄或退縮。你曾經把不舒服的情緒放大，讓它們變得更極端嗎？後來，結果怎麼樣呢？

☐ 你是否經常貶低自己，或陷入大量負面的自我對話、嚴厲的自我批判，從而把你的感受轉變為一種針對自己的苛刻批評？

很多人都擅長用這種方式來讓自己分心，把不舒服的情緒轉換成一種想法或信念。常見的例子，包括把無助感轉換成我沒有資格、我不值得、我不配或我一無用處等信念；或者相信自己之所以會覺得尷尬、難堪，是因為先天就比不上他人。你是怎麼把自己的感受轉換成用來傷害自己的自毀式批評的？

☐ 你會拿自己與他人比較嗎？

拿自己跟他人比較，也是一種嚴厲的自我批判。這意味著，你正在忽視你的個人經驗，因為你把注意力都放在了其他人身上。將自己與他人比較的唯一正面理由，是為了讓自己能見賢思齊，鼓勵自己去追求目標。除此之外，比較只是一種轉移脆弱感、失望、悲傷或沮

喪的分心手段而已。你最近都拿自己和誰比較呢？你的
比較是為了追求成功，或只是在轉移自己的注意力？

☐ 你是否在各方面都力求完美，包括你在他人面前的言談
　舉止？

　　如果你把焦點放在完美上，這樣的態度會阻礙你做
個真實的人，因為你會在每個當下刻意避免不完美（但
真實）的情況，也因此無法做出自發性的真誠反應。對
於完美的追求，會讓你努力控制自己的反應，好讓別人
對你產生好感。或許完美主義只是一種手段，讓你不需
要去觸碰內心的脆弱或其他不舒服的感受？問問自己，
你的完美主義可能在掩蓋什麼樣的感受呢？

☐ 你是否只專注於單一問題，好用來轉移你真正擔心的事
　或真實的感受？

　　我聽到很多女人會說，害怕男友遇到更感興趣的女
人而離開她們。這種擔心經常會成為注意力的焦點，在
她們感到脆弱、苦惱時會浮現，甚至在現實生活中發生
了其他與此無關的困擾事件時，也會出現。有沒有一種
揮之不去的恐懼，總是在你面對不舒服情緒時就浮現出
來，即便這種恐懼與當下正在發生的事情完全無關？

☐ 你是否把太多的注意力放在不重要的細節上，好藉此擺脫令你覺得不舒服的情緒？

　　有些人不是把焦點放在一個特定問題上，而是做與此完全相反的事情：在某個情境中，過度關注不重要的細節，藉此把注意力從真正重要的事物上轉移開來。這種吹毛求疵的做法會讓你舉步維艱，做不成任何事情，因為它只會讓你不斷去分析，卻從不真正付諸行動。這是你會陷進去的分心陷阱嗎？

☐ 你是否會把注意力放在過去或未來，好讓自己遠離當下的情緒經驗？

　　有些人會不斷在腦海裡一遍遍重播過去發生的事件，這樣的人一直活在過去；相反的，活在未來的人則是把對未來的期望用來逃避當下的經驗；還有一些人，則是有規畫、有組織地管理可能會遇到的不舒服情緒。以崔西為例，她想像了無數可能會令人失望的場景，以此來預測和控制她未來可能會經歷的失望情緒。這種做法導致她的焦慮感不斷攀升，反而無法坦然地接受自己的脆弱。你是否也曾經在想像中，讓過去的事件「重新上演」、讓未來的事件「預先上演」，以此來逃避當下正在發生的現實呢？你覺得你可能在逃避什麼？

☐ 你是否會用創造「物理距離」的方式來解決情緒問題？
也就是暫時或永遠離開傷心地，讓自己遠離痛苦的根源？

　　有些人會在吵架當下直接轉身離開，用這樣的方式
來抽離自己不願承受的感覺。有些人的方式更激烈，例
如直接外出旅行來避開可能會令自己不舒服的聚會或社
交活動；或者搬到其他城市或國家居住，藉此遠離讓自
己痛苦的源頭。然而，無論你到哪裡，這些不舒服的情
緒還是會緊隨著你。你曾經有過這樣的情形嗎？為了逃
避某些情緒，你是否曾刻意與情緒源頭製造出物理距
離？如果你能允許自己去體驗並度過這些情緒而不是逃
開，結果會有什麼不同？

☐ 你是否會在面對某個事件、某個情境、某個人或某個機
會表現得表裡不一？故意表現得不在乎或不在意？

　　「我不在乎」，是人們在遇到不愉快情境時經常會
有的反應──不過，如果你其實是在乎的，那麼無論嘴
巴上說多少次不在乎，都不會改變這個事實。用更精準
的話來表達，你其實要說的是：「我不想在乎。」情緒
不處理，永遠都不會主動消失。你想要逃避或擺脫的感
受是什麼呢？

□ 你是否會把自己不喜歡的個人經驗投射到別人身上？

　　這個分心策略，是把討厭的那個自己投射到他人身上。例如，如果你經常因為外貌或社交上的格格不入而感到難堪，你可能會經常批評他人的外貌，或對他們生疏的社交技巧說三道四。事實上，這些都是你對自己的想法，投射到他人身上只是為了讓自己不會感覺那麼脆弱而已。你是否發現自己也會用投射的方式，來切斷和情緒經驗的連結？在做這些舉動時，你有意識到這一點嗎？或是在事後（或直到我現在指出來），你才意識到這一點呢？

□ 你會去猜測別人的想法嗎？

　　想要擁有讀心術的人，喜歡去猜想別人在想什麼，或是想知道別人心裡是怎麼看待自己的。通常在我們感到難堪或脆弱時，就會出現這個渴望。你擔心他人怎麼看待你嗎？你會想像其他人怎麼談論你嗎？

□ 你會因為無法接受真相或難以啟齒，而去編造謊言或忽略對話中的某些訊息嗎？

　　好好檢視一下自己。看看你有多常用說謊或選擇性透露的方式來掩護自己，只因為說真話可能會讓你感覺

不舒服？你用這種方式在逃離什麼不舒服的情緒？

☐ 你會把注意力和精力用來滿足他人的需求，而不是放在
　自己身上嗎？

　　坦白承認自己的感受、需求和局限，往往不是那麼
容易的事。當我們看待事情的角度是「他的問題更
多」、「他的問題更大」或「他比我更需要」時，就會
把注意力放在滿足他人的需求上。問題在於，當你這麼
做時，等於把自己的需求最小化，同時也在迴避及忽視
自己的真實感受或擔憂。你是否曾經用他人的處境為藉
口，不去面對自己真實的感受與需求呢？

☐ 你是否會用自我犧牲、過分放大自己的責任感或殉道精
　神，來轉移自己的注意力？

　　你可以把這個策略想成是上一個策略的變化版。這
個分心策略，會抹煞你真實的需求、感受及擔憂，因為
這會讓你更容易把自己想成是別人的負擔，或是把自己
視為犧牲品，這比實際去感受情緒上的不舒服要容易多
了。這聽起來像你嗎？

☐ 你會用責怪、批評、八卦或抱怨等方式，來逃避自己當

下的經驗嗎？

　　責怪、批評、談論他人的八卦或抱怨，這種分心策略可以把注意力從自己身上移開，轉移到他人身上與其他情境。這些行為會讓你感覺更輕鬆，不再需要為自己當下的真實感受（可能是八種不舒服情緒中的一種或多種，例如悲傷、憤怒、失望、難堪及脆弱）負責，也能讓你把注意力從自己真實的經驗轉移開來。你是否發現自己也有過上述這些行為，以便讓你逃離自己的情緒？

☐ 你是個悲觀、憤世嫉俗的人嗎？或總是喜歡說話帶刺？

　　悲觀和憤世嫉俗的表現，起因都是過去有過悲傷、無助、憤怒或失望的經驗。表現得悲觀、憤世嫉俗或是喜歡說話帶刺，是你在面對失望可能再次發生之前的應對策略。現在你會抱持著這樣的態度，是因為你預期「未來不會如你所願」，這也讓你可以把注意力從一直難以克服的悲傷、無助、憤怒和失望中轉移開來。你是否經常性地感到悲觀、憤世嫉俗、玩世不恭或酸言酸語，只因為這樣做會讓你覺得輕鬆、自在或舒服，即便你知道這些態度對你一點好處都沒有？

☐ 你是否過分重視那些不公不義的事，用這樣的方式來讓

自己分心？

　　一直糾結於生活不公平、為何自己如此痛苦等念頭，潛藏在這些念頭底下的悲傷、憤怒、失望、無助和挫折，就會被你刻意忽略。如果你能允許自己把這些渴望被覺察的感受充分表達出來，並完全駕馭九十秒的情緒浪潮，你會有什麼改變？切實去體驗這些情緒，又會如何翻轉你對某個情況的看法？

☐　你是否會用攻擊、敵意、威脅或暴力等方式，來逃避痛苦的感覺？

　　攻擊、敵意、威脅或暴力是更極端的指責與批判，兩者都有一樣的效果：讓你的注意力從自身的感受和經驗轉移出來，才不用對當下的情況負責。你曾經用什麼激烈的言語或肢體動作，來逃避內心埋得更深的難受情緒？

☐　你的生活是否過得一團糟？

　　參加過多的活動、過多地介入他人的問題，或是習慣把注意力放在「哪裡出了錯」、「我還需要解決什麼問題」，這些都是轉移注意力的手段，都會阻礙你去關注當下的真實體驗。問問自己，當你渴望被需要的感覺時，是不是因為你極度地想忽略或壓抑自己的情感需求？

□ 你是否做每件事都很匆忙？

　　在活動或經驗中來來去去，從一個活動馬上接下一個活動，可以讓你繞過隨著經歷而來的情緒反應。忙碌是最好的分心方法，你只要讓自己忙到停不下來，就沒有時間去感受心裡真實的感覺，而且生產力還能大大提高呢！然而，這種近乎瘋狂的忙，其實是在冒一個很大的風險，因為無論是身體或情緒都可能因此被耗盡。想像一下，如果你能給自己更多餘裕去好好完成每件事，你的心裡會多平靜？或許你會注意到每件事或每個活動帶給你的影響、意義及價值，並清出更多的空間來好好體會自己的感受。為自己安排一個休息或淨空的時間，能讓你活得更加通透。在忙碌的生活中，什麼是值得你停下腳步、多加注意的呢？

□ 你是否會為了不想面對不舒服的情緒，而拖延必須完成的工作、計畫或對話？

　　拖延是每個人都很熟悉的行為模式，想想看，你想用脫延戰術來逃避什麼感受？

□ 你會用沉默或退縮的方式來切斷連結嗎？

　　你可能會用沉默或退縮的方式來平息自己的情緒

（例如將悲傷、憤怒或失望的感覺拒之門外），這麼做
能讓你切斷與內在自我的連結，也會讓你與生命中最重
要的那些人日漸疏離。有時候，這是一種最終極的逃避
行為，但這並不表示，令人難受的情緒就會消失。這僅
僅意味著，你不承認自己有這些情緒。你要怎樣做才能
解開情緒的封鎖，去體驗及度過它們呢？

　　上面這些問題，可以看出好幾種常見的分心策略，其中有
些是刻意為之的，有些則是無意識的反應，目的都是為了讓你
「忽視眼前發生的事」、逃離當下，將所有不舒服的感受、想
法和理解都排除在你的意識之外。正如我最近和一位案主所說
的，這本書的主要目的，就是「把你還給自己」，而其中的一
個面向就是幫助你找到自己的分心模式，讓你知道自己可能用
什麼方式來迴避真正的自己。

　　把這些分心策略都留在過去。現在，請歡迎並接受全部的
你，包括那些被分心策略暫時吞沒、隱藏或錯誤保護的部分。
清除這些干擾，你就能找回真正的自己，找回愛自己的方法。

　　我希望上面這個練習能啟發你，也希望你能花點時間把自
己的分心模式寫下來。如果其中有些問題讓你心有戚戚焉，請
記住你並不孤單。事實上，有如此多的方法來轉移或分散對情

緒的注意力，拉開和真實感受的距離，正好說明這些行為有多麼普遍。最重要的是，你要如何利用這種新覺知來幫助自己成長。

【練習】清除你的分心策略

1. 運用上述問題，找出你用來轉移注意力，讓自己逃避當下體驗（包括想法、感受、需求、感知、記憶和信念）的所有方式。把你慣用的分心策略寫下來。

2. 用一週的時間，注意你是如何體驗並回應這七天的生活狀況，無論是好事或壞事。把你的觀察所得寫在筆記本上。你是傾向讓自己體會更多感覺，或是傾向逃離內心的感受呢？

3. 七天後，找出一個你現在最容易改變的分心策略。在接下來的十四天裡，注意自己什麼時候會使用（或想要使用）這個能幫你逃避感受的回應方式。把過程及進展寫在筆記本上。你的分心策略通常會在什麼情況下派上用場？為了改寫並建立起新的反應模式，每當發現自己又陷入同樣的反應時，先停下來問問自己：「我現在的真實想法、感受、需求及感知是什麼？」

4. 一察覺到你可能會迴避的感受，就試看看能否用新方式

回應。例如，幾年前我在研究所教授分心策略時，討論焦點一度集中在用咖啡因來轉移注意力的策略。這讓一些同學非常不舒服，甚至有位同學在大家熱烈討論時，隨手就拿起可樂來喝。然後她馬上意識到，自己的行為意味著什麼。她對自己下意識的行為覺得很好笑，並反思為什麼班上的討論會讓她如此不舒服，而想要靠攝取咖啡因來逃避（這和咖啡因在她生活中所扮演的角色有關）。以這個同學的例子來說，新的回應模式或「修正」方法，就是找到問題的根本原因並承認它，從而解決它。你新的回應模式是什麼呢？

5. 完成首次十四天的練習，辨識出你所選擇的分心策略並有意識地改變它之後，你可以再選擇下一個回應模式，同樣再用十四天的時間來加以改變。以此類推，直到清除你所有慣用的分心策略為止。

---

* 在我的網站 www.DrJoanRosenberg.com/resources90/ 還有更多的表格、引導式練習與相關資源。

第 5 章

釋放焦慮，解除身心警報

　　如果你能控制自己的焦慮和擔憂，讓它從一種每天的情緒經驗變成只是偶爾出現會怎樣？這會如何改變你的生活？

　　對所有人來說，憂慮和焦慮是相當常見的兩種感受，只不過每個人的程度不同。雖然我們有時會把憂慮和焦慮當成同義詞交換使用，但兩者其實是不同的。憂慮是一種語言性的思維活動，本質是消極的，主要在於預期未來會發生不好的事情[1]。憂慮的目的，是為了應付日後可能會出現的威脅，不過憂慮也可能促使人們逃避，尤其是想法如果直接與下列有關：

◆ 預防或避免不好的、消極的或負面的事情發生；

◆ 幫助某人在不可避免的情況下做最壞的打算；

◆ 阻止情緒被消化和處理，因此憂慮的念頭會持續存在；

◆ 強化一種迷信的思考模式——當憂慮的事情沒有發生時，杞人憂天者會認為憂慮是有效的；

◆ 轉移注意力，不用去面對某個情緒化的問題[2]。

憂慮往往帶有侵入性，經常會變得過度、不實際、不可控，以及發展為長期性的心理狀態。一旦憂慮變得過度或開始蠶食鯨吞，就會出現問題。事實上，持續性的長期擔憂就是廣泛性焦慮症的一大特徵，而憂慮產生的影響也會持續創造及維持焦慮的生理指標[3]。

焦慮或稱焦慮性憂懼（anxious apprehension），比憂慮涵蓋面更廣，除了憂慮之外，還包括體感覺（例如心悸）、認知因素（恐懼）以及行為因素（迴避與逃避）[4]。焦慮症專家大衛‧巴洛（David Barlow）將焦慮定義為一種「消極的情緒狀態，伴隨著持續加劇的肌肉緊繃等身體症狀，以及不安感和對未來的憂慮」[5]。

焦慮伴隨的身體症狀可能包括[6]：

◆ 不安：感到激動、戰戰兢兢、緊張或煩躁
◆ 容易疲倦
◆ 難以集中注意力或大腦一片空白
◆ 易怒
◆ 肌肉緊繃、痠痛或疼痛
◆ 睡眠障礙：難以入睡或輾轉反側，無法一覺到天亮
◆ 出汗
◆ 胃部不適，可能表現為胃痛、噁心或翻絞

大衛・巴洛的三種易感性理論

巴洛博士指出，我們可以透過三種相互作用的易感性來理解焦慮（和其他情緒問題）生成的原因。這三種易感性包括：

◆ 一般生物易感性（Generalized biological vulnerability）：先天對某些事物就容易感到焦慮，由於戰或逃反應的閾值很低，所以你的壓力反應很容易就會被觸發。

◆ 一般心理易感性（Generalized psychological vulnerability）：對無法掌控的事物感到焦慮。你把世界視為危險或具威脅性的地方，認為自己沒有足夠的資源去應對或掌握即將面對的挑戰或情況；覺得自己的控制感變弱，這可能和父母對你的過度保護、不讓你經歷挫敗並學會自己重新站起來有關。

◆ 特殊心理易感性（Specific psychological vulnerability）：從早期經驗中習得的焦慮，例如你被教導應該要害怕什麼（「鄰居會怎麼想？」、「永遠不要讓別人看到你放鬆警惕」、「每個人都是自私的」等等）[7]。

　　當你持續擔心未來可能會有某些遭遇，或者為了過去的負面經驗而憂慮（包括在腦海中重演自己曾經說過或做過的事），都是具破壞性的。只要是經歷過任何一種焦慮的人都可以告訴你，長期持續的憂慮實際上會如何干擾你的日常生活，削弱你享受日常生活的能力。面對焦慮和憂慮，你不僅只能舉雙手投降，這樣的情緒還會持續掏空你。這種繞著圈打轉的思緒循環是看不到盡頭的，會讓人身心俱疲。

　　憂慮和焦慮，與持續關注可能出現的身體或情緒上的威脅及危險有關。近年來，大衛・巴洛和其他研究者都已發現，憂慮以及涵蓋面更大的焦慮，有可能幫助人們迴避不舒服的情緒[8]。換句話說，焦慮和迴避自己的情緒有關。

　　有些個案會跟我說自己經常焦慮不安，或直接說「我有焦慮症」。然而，從治療角度來看，我發現這些描述無法充分或精確地說明一個人正在經歷的體驗。而且，不僅是人們可能以許多不同方式感到焦慮，也經常使用焦慮一詞來描述多種不同的情緒狀態。我在這本書提到的「焦慮」，同時代表了焦慮與憂慮的情緒經驗，因為本書中所有關於焦慮的討論全都包括憂慮這個概念。

　　焦慮不必然要讓你在情緒上變得麻痺，也不會阻止你追尋目標和夢想中的生活。如果你對認知心理學有所了解，就會知道，所謂的「重新建構」或「重新框架」（reframing），就是

換一個角度去看待事情、重新詮釋。這就是本章的目標——幫
助你從一個全新的角度去了解焦慮。

焦慮與恐懼不同，精準了解你的感受

　　對我來說，語言相當重要。我對遣辭用句的興趣，很可能
從童年到青少年時期，和父親一來一往的言語交鋒就開始了。
我父親的口語能力及反應都很強，我年少時，總愛跟父親玩
「雙關語」的遊戲。於是，現在身為心理學家的我，特別注意
個案在描述時使用的語詞，以便協助他們選擇有助於自己達到
目標的用語，而不是適得其反。你使用的詞彙，會大大影響自
己的感受，對恐懼和焦慮來說更是如此。你說的每一個字，都
很重要。

八種不舒服的情緒為什麼不包括焦慮與恐懼？

　　雖然人們經常用「恐懼」和「焦慮」來形容自己的體驗，
但我相信這兩個用語不僅被過度使用，也常出現誤用的情況。
在大多數情況下，當人們談論自己的恐懼或說自己「害怕」
時，更恰當的用語應該是「焦慮」。恐懼和焦慮大不同。請記

得，你選擇的用語會影響你的決定及行動。當你說自己很害怕
（而不是焦慮）時，會提高你對威脅與危險的感知強度，讓你
聯想到更多與擔憂相關的災難性結果。

　　或許你會想，恐懼和焦慮這麼常見的情緒，為什麼沒有被
列在本書談論的八種不舒服的情緒中？看看以下心理學家如何
區分這兩種情緒狀態，你可能會得到部分答案。

　　恐懼是對某一特定的、迫近的或即刻發生的危險所做出的
生理、行為及情緒反應。恐懼會隨著情境而變化，出現真正的
威脅時，身體會發出訊號讓你逃離或避開威脅。常見的恐懼，
包括搭電梯、過橋、懼高、置身在人群中，或是害怕某些動
物、昆蟲或蜘蛛等等。如果這些恐懼是極端且非理性的，就會
被視為恐懼症。不過，無論是哪一種恐懼，都有可能造成人身
傷害。

　　你要明白恐懼反應是與生俱來的；一旦身邊真的出現危險
或威脅，你會啟動身體內建的神經生物機制而出現截然不同的
感受和反應。首先，從留意周遭發生什麼事開始。你身邊出現
真正的威脅嗎？是否存在著明顯、迫切的危險？現在正在發生
嗎？如果是的話，你會想挺身而戰、僵住、逃跑或昏倒都是正
常的，這意味著，你身體的壓力反應系統正在正常運作。

　　只不過，人們往往會在不適當的時候啟動身體的戰或逃反
應：壓力反應警鈴大作，但身邊並沒有實際或明顯可見的危

險。像這樣的情況，就是對恐懼產生了不恰當或適應不良的反應。你可以把這樣的反應，想成是在錯的時候做了對的反應。換句話說，橋確實有可能崩塌，但不是發生在你正開車經過的時候。同樣的，有些人非常害怕搭飛機，但跟每天繁忙的航班一比較，空難發生的次數可算是非常少的了。

在真有危險的情況下，體驗到壓力是一件好事。因為這樣的壓力能保護你，而且在你需要它時，通常能充分發揮作用。然而，恐懼不該用來唱衰未來，認為事情不會如你所願；這就是為什麼在我的八種不舒服情緒中，不包括恐懼在內。考慮到日常生活中真正的危險並不常出現，加上使用的字眼會大大影響我們的決定、感受、看待事情的角度以及生活經驗，因此我鼓勵你使用更精準的詞彙來描述感受。我們下一個要探討的情緒——焦慮，同樣是如此。

除了我前面提到的，心理學家還將焦慮描述為「一種擴散性的擔憂，自認為無法掌控某些不樂見的未來事件」。恐懼和焦慮的區別在於，焦慮是預期未來會發生一發不可收拾的苦難或危險，而恐懼則是預期現在就存在著明確且具體的危險。

就像恐懼一樣，焦慮也是先從身體的感覺開始，例如心跳加快、胸口一緊、胃部不適等等。很重要的一點是，你必須先確認你正在經歷的情緒是恐懼或焦慮。危險或威脅是已知或馬上要發生的嗎？還是它是某種更廣泛的擔憂，例如在接下來幾

個小時、幾天、幾週或幾個月後可能發生不好的事？

使用正確的詞彙，精準地為你的感受命名。你是害怕或焦慮？大多數情況下，你更可能想描述的是焦慮的感受，而不是恐懼。即便如此，就像恐懼一樣，我也認為人們同樣濫用或誤用了「焦慮」這兩個字。根據我的臨床觀察，大多數情況下，用焦慮來形容正在面對的情況只是一種含糊其辭的描述。所以，首先我想花點時間來探討，焦慮背後究竟發生了什麼事。

焦慮是感受被壓抑的後果

當你從某些難以承受或不想碰觸的事——這裡更可能指的是本書所說的八種不舒服的情緒——抽離出來或轉移注意力後，你的感受不會消失；它們通常會以焦慮的形式出現。因此你會感到焦慮，很可能是因為你不想去體驗任何一種不舒服的情緒，於是用轉移注意力或其他方式來阻隔這些感受，就像上一章我們提到的那樣。

焦慮就像一種掩護或一把雨傘，它幫你遮擋住，讓你不需要去體驗八種不舒服的情緒。一旦覺知到這一點，並去觸碰這些真實的情緒，焦慮就會大大減輕或甚至消散。接下來，你只需要去駕馭這些不適情緒的浪潮，以自己的方式去度過它們。

人們經常會因為各種理由而感到焦慮，例如擔心自己必須

面對結果不如預期的某個事件或情況。不過我發現，表面上他們的憂慮看似與害怕結果不如預期有關，但他們內心真正擔心的，卻是這些不如預期的結果可能會為自己帶來不想要的難受情緒。人們之所以會焦慮，是因為他們想要迴避這些不願承受的情緒。

脆弱通常是人們在說焦慮時一心想要遮掩的真正情緒，前面我們提過，脆弱是一種覺得自己可能受到傷害的感受。此外，當你覺得自己被暴露或覺得尷尬、難堪時，也經常和脆弱感有關。有多少次在你感到焦慮時，其實內心真正的感受是脆弱？

現在，你可以用不同的詞彙來試看看。想像一個讓你感到焦慮的情境，然後不要用焦慮來描述，而是改用脆弱這兩個字。當你這麼做之後，你的體驗有何改變？一旦你有意識地把焦慮重新定義為脆弱，也就是敞開心並有意願地去學習以及（或）接受會受傷的可能性，如此一來，這些情境通常會成為自我成長、培養自信及情緒復原力的機會，而不僅是造成痛苦而已。如果你嘗試成功了，這段經驗會讓你成長；要是沒有，但你成功度過失望與挫折，也一樣會從這些經驗中成長。無論結果為何，選擇展現脆弱的一面，都有助於培養情緒力量。

一旦沒能真實地表達自己，焦慮就會出現，可能的情境有以下兩種。第一種情境是，人們會持續轉移注意力，不願真正去感受不舒服的情緒，因此也就無法表達自己的真正感受。第

二種情境是，人們確實體驗了這八種不舒服的情緒，但卻一直悶在心裡，不願意分享或拒絕告訴他人（不是什麼都不說，就是說相反的話），就會導致焦慮。只要勇於表達自己的想法和感受，焦慮感通常就會大大減少或完全消散。

　　某種程度上，比起不舒服的真實感受，焦慮反而更能被社會接受。這是因為有時候表達出真實的感受，有可能會對他人造成傷害。談論自己的真實感受時，無論是愉快或難受，都有可能讓自己變得不再淡定或感到不適。關鍵在於，不管處於哪一種情境，都要覺知到自己的真實感受，而不再用焦慮來掩飾或轉移注意力；只要情況允許，都要盡可能地真實體驗自己的情緒，並將它表達出來。

　　我曾經與從事演員及模特兒的德瑞克，有過一次簡短的對話。只是一次對話，就讓他大大改變了自己對情緒的體驗。我們原本正興致高昂地討論一部精彩刺激的電影，他卻突然話鋒一轉，提到自己有時候會非常焦慮。

　　當人們談到自己的焦慮感，總是會引起我的注意，因為我非常希望能改變人們理解、體驗及表達焦慮的方式。在那次和德瑞克的對話中，我只問了幾個簡單的問題：焦慮是如何發生的？出現在身體的哪些部位？造成什麼樣的感覺？他用手在上胸部比畫。接著我又問他：「如果我把你話中所有和焦慮有關的字眼都拿掉，你真正的感覺會是什麼？」他馬上就意識到，

他的感覺其實是失望，到了這時他才「恍然大悟」。幾天後，我們有機會再一次談話時，他告訴我，他回想起了好幾個與失望情緒有關的記憶，包括父親在他小時候就離家（這是他多年來一直不願意面對的記憶）。那天的對話，對他來說就像是催化劑，讓他有機會重新去反思好幾段回憶，先是關於父親，然後是他生命中其他重要的人。他說，現在他意識到，焦慮是讓他能迴避失望情緒的障眼法。自從對自己的情緒反應有了新見解後，德瑞克發現當他想起那些痛苦的回憶時，更能輕鬆以對，同時也比較容易去理解及思考在面對失望時，如何更有效處理。最後，他的焦慮減輕了，也覺得自己更有力量。

　　這些「啊哈！」的領悟時刻，通常就是情緒成長的關鍵時刻。這樣的時刻讓我們可以跳脫過去的劇本、思考及感受模式，因為我們已經可以使用正確的用語和工具來定義及體驗自己的真實情緒。

　　莎莉和珍是兩個參加團體治療課程的研究生。當時，我花了好幾週的時間傾聽她們的焦慮經驗，然後我提出一個問題：「妳們感受到的，真的是焦慮嗎？」我的話就像澆了一盆冷水，但也激起了她們的好奇心。

　　首先，我問她們想不想消除自己的焦慮？兩位同學都篤定地說：「想！」然後我請她們分別回想一個讓自己感到焦慮的經驗或回憶，並讓自己全然去感受，不用告訴我這段經驗或回

憶的內容。於是，她們各自選定了一個時時刻刻掛在心上的過往經歷。

接著我說：「如果我把所有用來描述焦慮的字眼都拿掉，妳們的真實感受是什麼？」莎莉的回答是「擔心」，珍是「害怕」。這兩個回答都跟焦慮有關，而且同樣都很含糊不清。所以我請她們不要使用這樣的字眼，再試一次。第二次莎莉給出的回答是「悲傷」，珍則是「生氣」。我請她們再一次回到那個記憶中，請莎莉去感受自己的悲傷，而請珍好好感受她的憤怒。接著我問她們，現在還能感覺到一開始描述這個事件時的那種焦慮感嗎？莎莉和珍都驚訝地發現，焦慮感真的消失了。

我問她們，這些記憶中還有其他人嗎？她們都給了我肯定的回答。於是，我問莎莉當時她是否有向對方表達自己的悲傷？同時也問珍，當時有沒有向對方表達自己的憤怒？兩個人的回答都是「沒有」。她們的臉上閃過一抹會心的微笑，接著嘆了一口氣，如釋重負地笑了起來。

在各自的回憶裡，莎莉和珍都試圖隱瞞自己的真實感受。這是兩個「迴避體驗真實感受」的例子，或者也可以說是「忽視發生的事」，該知道的裝作不知道。

一旦真實的情緒沒有被充分感受，也沒有被表達出來，它們總得有地方可「去」。於是，它們往往會往內走（而不是往外走），導致和焦慮有關的體感覺。一旦你能正確地識別、感

受並表達你的想法和情緒，焦慮自然會消散，更多的平靜將會占上風。

以下是人們在焦慮或恐懼時經常使用的詞彙。我發現，這些字眼大都含糊不清，所以我通常需要再詢問對方，真正想要表達的是什麼。例如，在一個十五人的小團體中，每個人對於「不爽」或「嚇壞了」的詮釋可能就有十多種。請注意，八種不舒服情緒中，究竟是哪一種情緒更能貼切表達你的真實感受。

經常用來描述焦慮和恐懼的詞彙

擔心	掛心	受驚嚇
緊張	憂慮	害怕
不自在	慌張	有壓力
被壓迫	苦惱	驚恐
有煩惱	勉強	困擾
緊繃	不穩定	不敢
擔心受怕	不安	提心弔膽
心煩意亂	忐忑	坐立不安
不爽	嚇壞了	急躁
慌亂	吃驚	動搖
激動	怯懦	情緒高漲

當莎莉和珍練習更充分地感受並表達自己的情緒之後，短短三週內，她們看起來的樣子和說話的方式都有了很大的不同。她們更有自信，也更放鬆了。由此可見，消除焦慮最好的方法之一，就是去體驗並表達那些不舒服的情緒。我把這種技巧加以改善、精煉後，開發出羅森伯格情緒更新技巧的另一個變化版本，我稱之為「羅森伯格焦慮更新技巧」。

以下是我經常用來詢問個案的問題。讓它們引導你，釐清自己真正的感受，並辨識出你可能想向他人表達什麼。準備好你的筆記本，把答案寫下來！

【練習】羅森伯格焦慮更新技巧

1. 請找出一個曾經讓你感到焦慮的記憶或經驗，讓自己重新去感受當時的焦慮感。
2. 如果把所有用來描述焦慮、恐懼或擔憂的字眼拿掉，你真正的感覺是什麼？先用八種不舒服的情緒來試看看（不要說憂慮、害怕、慌張等模棱兩可的字眼，參閱上頁表格，列出來的那些詞彙都要避免使用）。
3. 回到當時的經驗或記憶中，把焦慮、恐懼或擔憂的感受替換成這個新辨認出的感受（也就是第二題的答案）。

請在這個體驗停留五到十秒鐘。

> 如果把所有用來描述焦慮、恐懼或擔憂的字眼
> 都拿掉，你真正的感受是什麼？

4. 現在，你還能感受或體驗到先前在這個情境中的焦慮
嗎？（大多數人的答案都是否定的；但如果你還是感到
焦慮，請想一想你是否沒有正確辨識出潛藏在焦慮下的
真正感受）。

5. 這個記憶是否還涉及到其他人？

6. 當時的情況允許你表達這個新辨認出的感受嗎？

7. 在當時的情況下，你有把這種感受說出來嗎？或是在那
之後才表達出來？

增加焦慮程度的疑問句

以下是人們喜歡拿來問自己，從而引發焦慮情緒的一些常
見問句。這些問句都跟「我」有關，包括「我能……嗎？」
「我有……嗎？」「我會……嗎？」「我是……嗎？」等等。

◆ 「我真的能把這事做成嗎？」

◆ 「我能達到想要的結果嗎？」

◆ 「我具備成功所需要的條件嗎？」

◆ 「我有能力做好這次的簡報嗎？」

◆ 「我能把工作做好嗎？」

◆ 「我會被人喜歡嗎？」

◆ 「我有能力完成這個計畫嗎？」

◆ 「我還好嗎？」

這一類的問句會讓疑慮迅速增加，而疑慮又會強化焦慮程度。疑慮還會讓人喪失力量、不會善用資源，以及失去自信。

把這些問題丟給大腦，它必然要盡責地回答。所以要解決這些會增加焦慮的問題，最好的方法就是把問句改成陳述句。只要稍微改變語序，就能把這些問句改成篤定的陳述句：

把「我能……嗎？」改成「我能……」

把「我有……嗎？」改成「我有……」

把「我會……嗎？」改成「我會……」

把「我是……嗎？」改成「我是……」

舉例來說，與其問自己：「我能把工作做好嗎？」不如直

接告訴自己：「我能把工作做好。」如果你的問題是：「我怎麼可能……呢？」把這個句子改成：「我會找到辦法……」

【練習】懷疑論者重置技巧

1. 花點時間問問自己上述的問題。
2. 注意當你提出以下這些問題——「我能……嗎？」「我有……嗎？」「我會……嗎？」「我是……嗎？」時，心裡有什麼感受。這些問題是否讓你添了更多的疑慮和焦慮？
3. 現在，把每一個問句都換成陳述句。
4. 注意在你說出這些陳述句——「我能……」「我有……」「我會……」「我是……」時，心裡有什麼感受。這些陳述句是否讓你覺得自己更有能力、更有自信、更有力量了？
5. 把轉換句子後產生的不同感受寫下來。

---

* 在我的網站 www.DrJoanRosenberg.com/resources90/ 還有更多的表格、引導式練習與相關資源。

焦慮會弱化情緒力量

稍早我在這一章提到，如果你經常焦慮，就可能意味著你不太能駕馭這八種不舒服的情緒。萬一你放著這樣的問題不去處理，或者無法駕馭自己的感受，那麼簡單來說，你就不會相信自己有能力去處理生命帶給你的難題。

當然，你也無法善用身邊的資源。就如我先前所說的，要覺得自己擁有豐富的資源，必須先坦然承認自己有脆弱的一面，因為脆弱能讓你承認自己的需求與局限，而後才懂得向外尋求他人協助。

從這個角度來看，焦慮狀態幾乎就是一個惡性循環。無法處理八種不舒服的情緒，會讓你感覺無助，越無助就越焦慮，於是就更難去處理好八種不舒服的情緒。如果你覺得自己有能力去體驗並度過這八種不舒服的情緒，那麼就沒有理由焦慮不安，因為你已經知道，即便事情發展不如預期，自己也能好好應對隨之而來的不舒服情緒。

> 懷疑自己沒有能力、沒有資源時，
> 焦慮就會生起。

自我肯定的日常練習

關於自我肯定（self-affirmation）雖然有不少爭議，但在緩解焦慮方面卻能發揮不少作用。肯定語是一種正面、積極的陳述句（比如「我很美」、「我很受歡迎、也很受尊重」、「我很健康，身材也很好」），卻經常被嘲笑是一種愚蠢、無用的做法。然而，心理學家克雷頓・克里徹（Clayton Critcher）和大衛・鄧寧（David Dunning）卻認為，在個人對抗外在威脅時，肯定語可以發揮緩衝的作用[9]。

當你願意把自己看成是一個多面向的人，當你相信自己有多種身分和樣貌，肯定語就能發揮更高的效果。這時，肯定語能幫你拓寬視野、緩和或化解批評、起身迎戰你認為的危機，以及面對挑戰時能夠不屈不撓。如果你早就是肯定語的使用者，科學研究會支持你的做法；如果你曾經覺得這麼做很傻或是從未嘗試過，那麼你應該明白，肯定語能幫你擴大情緒及認知的彈性，從而幫助你更順利地應對生活中的挑戰[10]。

例如：「我有能力做到，我還有豐富的資源。」這樣的肯定語可以減輕焦慮。這樣簡單又基本的一句話，看起來似乎沒什麼了不起，但當你把會帶來更多疑慮的疑問句，替換成能夠傳遞更多力量和信心的陳述句後，確實能讓你的感受大為不同。已經有無數的人因為持續使用這一類的陳述句，而受益匪淺。

你現在就可以花幾秒鐘來試試看。每一次當你遇見不同的困境或難關時，記得時時提醒自己：「我有能力做到，我還有豐富的資源。」在你的腦海中一遍遍地重複默念。

自我對話時，請叫出名字

自我對話非常重要。在做了某件糗事之後，你會不會在心中自言自語（大部分的人都會這樣），暗罵自己「笨死了」、「什麼都做不好」這一類的話呢？

你可能會認為自我對話不過是一種無傷大雅的自說自話，但越來越多研究顯示，你對自己說話的方式會大大影響你處理焦慮和恐懼的效果，甚至還會影響你展現出來的慈悲心。更具體地說，心理學家伊森・克羅斯（Ethan Kross）博士和同事發現，人們自我對話的方式，對他們調節想法、感受及行為的能力有重大影響，尤其是涉及到社會情境及社會需求時更是如此[11]。

克羅斯博士最有趣的發現是，如果你的自言自語用的是「我」這個人稱代名詞，在面對壓力情境（例如比賽、公開演講或堅持自己的權益）時，很可能會表現得比較差。相反的，如果在自我對話時，直接叫自己的名字，表現極有可能會更好。比如說，不要說「我好怕把試鏡搞砸了」，而是說：「吉兒，妳沒問題的；妳已經排練了好幾個小時，所有的動作都很

熟悉了。妳只要放輕鬆就好。」或者，不要說「等一下要在婚禮上致詞，我好緊張」，而是說：「麥克，你的朋友都很喜歡你，而且你知道上台致詞是莫大的榮幸。」或者，如果你總是說「我好擔心報告交不出來」，現在可以改成：「布萊恩，要做什麼你都很清楚了，只要安排好優先順序就行。再說，你從來就沒有遲交過報告！」

　　每當感受到有強烈的情緒生起時，直接叫自己的名字來描述情況，可以讓你退一步看，如此就可以和眼前的困難在心理層面上拉開一點距離。僅僅是在情緒上拉開一點距離，你就有能力理性思考，給自己更好的建議，就像你對待朋友那樣明智及溫和（不過，還是要提醒你：千萬不要用這種自說自話的方式來逃避你的感受，這可能會帶來許多麻煩）。

> 用名字來稱呼自己，可以創造一些心理空間，
> 好讓你有能力理性思考、給自己更好的建議，
> 就像你對待朋友那樣明智及溫和。

　　克羅斯博士認為，把人稱代名詞「我」換成自己的名字，也有助於降低社交焦慮。簡單來說，這麼做可以減少反芻思考的模式，讓思考方式更靈活、更懂得變通，從而有更好的表現。總之，這個方法可以讓你更明智地思考自己的問題[12]。

　　想像一下你會如何使用這個方法。你是否曾經和哪個朋友發生過衝突，需要你主動修復，但你卻一直迴避著不想處理？如果真是這樣，你可以對自己說：「艾比，現在就拿起電話打給她！妳以前也處理過類似的矛盾，結果不是都很好嗎？保持冷靜就好。即便結果不理想，妳也能應對得當。妳聰明又可愛，很多朋友都喜歡跟妳在一起，所以就盡妳所能地去試試看吧！艾比，妳能做到的！」在第一次約會、演講、要求加薪時都可以使用這個方法——任何時候都可派上用場！

導向不同結果的情緒選擇題

　　知名細胞生物學家布魯斯・立普頓（Bruce Lipton），也是《信念的力量》（*The Biology of Belief*）一書的作者。他曾經提到，人類的生理系統是為了成長及保護而設計的。

　　例如，細胞在吸收營養物質後會表現出成長反應，而在遇到有毒物質時，細胞則會遠離毒素並觸發保護反應。立普頓博士認為，身為多細胞生物的人類，也會有相同的反應[13]。

　　然而，保護與成長這兩種過程無法同時有效進行。立普頓博士提到，成長是一個既會消耗能量、也會生產能量的過程，而「持續的保護反應會抑制能量的生成」[14]。因此，你待在自

我保護的模式越久（例如焦慮情緒狀態），所消耗的儲備能量就越多，自然就會影響到你的成長。

　　你可以把焦慮想像成內在產生的壓力。長期的壓力會對身體帶來負面影響，所以有效管理擔憂和焦慮，對整體的健康有好處[15]。如果因為長期的擔心而抑制成長，也會嚴重損害你的生命力。

　　此外，你不可能同時全身心地投入成長及保護這兩種性質完全不同的活動中，這就像往兩個不同的方向拉扯一樣。你可以這樣想：活在恐懼中，會破壞你的健康，於是身體會啟動保護反應；活在愛、和善、好奇、慈悲及感恩中，身體則會啟動成長反應。專注地維持正面、積極的態度，就能減輕焦慮或讓焦慮消散。因此重要的是，去追求能帶給你滿足感和快樂的那些經驗。

　　如果你不需要花費身體或情緒的能量來保護自己，就能把這些能量用於滋養和成長等相關經驗，也就是和他人連結及發揮創造力。多跟那些能鼓舞你、滋養你、讓你展顏微笑、讓你感到充實的人在一起，多做一些能引起你的興趣、展現你的熱情，或是能帶給你平靜的事情。當你感到有安全感的時候，就更有可能去探索、調查、展現好奇心，追求那些能夠帶給你意義和使命感的經驗。

多使用正面陳述

焦慮的人喜歡用「如果……」開頭的問題，然後再用負面的陳述來回答，於是就導致了更多的焦慮。正如我先前所說的，不管你提出什麼問題，大腦都會試著回答——所以，如果你的問題暗示著難度很高，比如：「如果很難做到怎麼辦？」「如果要花很多時間怎麼辦？」為了回答你的問題，大腦就會爭先恐後地浮現各種想法、感受和記憶。比如：「我記得上回找工作很挫敗，花的時間比我預期的還要長。不知道這次會不會一樣困難？」同樣的，人類的天性傾向把生活想得艱難又痛苦，認為要實現目標和夢想需要花很長的時間。注意你自己有多容易就把事情想得很困難或很吃力。

當你開始練習提出更正面的問題，並做出正面、積極的陳述時，也要同時練習用正面的心態去期待好事會出現。如果事情很容易呢？如果一切都很順利呢？如果我們在解決問題的過程中，也玩得很開心呢？如果我們能對所有挑戰都一笑置之呢？以此類推，你可以把所有的問題，都轉換成正面的陳述句或肯定語：

◆ 一切都會很簡單。
◆ 每件事情都會進行得很順利。

◆ 我們把這些問題變得更好玩吧！
◆ 讓我們對這些挑戰一笑置之吧！

得與失的總衡量

基本上，一旦你做出「決定」就會面對失去。因為當你選擇其中一樣，就代表你必須捨棄或犧牲其他選項。有時候，你會因為不得不面對失去而感到焦慮。失去和悲傷、憤怒、無助及失望等情緒有關。當你遲遲無法做決定，或覺得難以下定決心，可能是因為你不想面對失去，以及隨之而來的不舒服情緒。但是，處在這樣的情境下，只會讓你越來越焦慮。

遇到這樣的情況時，可以試試人們經常推薦的好辦法——逐條列出利弊清單，或是參考以下的練習。

【練習】觀想你的決定

1. 空出大約二十分鐘的時間，安靜坐著，專注於深呼吸，讓你的思緒平靜下來。

2. 完全放鬆後，把每一個可能的選項都觀想過一遍，從開始到最後的結果。看看它們會讓事情如何發展。特別注

意每一個選擇帶給你的感受，無論是舒服或不舒服的感受都不要迴避。

3. 分別用短期（接下來幾週或幾個月）和長期（三年、五年或十年）的角度來思考這些選項的可能結果。

4. 回到放鬆的狀態，再花點時間想想做決定後，你可能會失去什麼。

5. 對於你考慮過的每一個選擇，寫下你的想法、觀想時看到的情形及浮現的感受。

---

* 在我的網站 www.DrJoanRosenberg.com/resources90/ 還有更多的表格、引導式練習與相關資源。

採取行動是消除焦慮的好方法

我經常會和那些害怕冒險、害怕失望、害怕尷尬而經常焦慮的人聊聊。比如說，他們可能會因為沒有朋友而感到失望，但又不敢為了交朋友而付出努力，因為他們害怕會遭到拒絕，也害怕被拒絕後會產生更多失望。但是，不交朋友這件事，還是讓他們體驗到了原本害怕去面對的失望感受。

焦慮可能會以一種有趣的矛盾方式呈現。通常來說，那些你一直害怕去面對的感受，其實你老早就已經在忍耐了，而且

只要你沒有覺知到這一點，就會繼續害怕有一天必須面對同樣的感受。但事實上，這些感受早已經跟你如影隨形了，你需要做的，就是面對並度過這些感受[16]。明白這一點，可能會讓你更容易去追求你的目標和夢想。

採取行動也是消除焦慮的方法之一。我們不是先有信心，才去冒險或採取行動，而是在冒險和採取行動的過程中，培養了信心。為什麼？如我先前所說，無論結果如何，我們都會在過程中成長。如果成功了，我們的能力會更上一層樓；如果沒有成功，我們會透過處理挫折及堅持不懈的精神，培養出更高的情緒容忍力。

【練習】資源更新技巧

以下是緩解焦慮的方法，整個練習過程全以書寫方式進行，所以請帶上你的筆記本或電腦。

1. 具體寫下三到五件你擔憂的事。
2. 選擇其中一件，用合乎邏輯的方式推理出你所擔心的事會得出什麼結論。把這份擔心放在心中，問問自己：「如果事情真的發生了，最壞的情況會是什麼？」得到

答案後，再問問自己：「那又會怎樣？」反覆問自己這兩個問題，直到你不再擔心為止。

3. 把步驟 2 兩個問題的答案寫下來。

4. 如果你的擔憂成真，你可能會體驗到哪些感受？過程中的每個階段，你會需要哪些資源？請把答案寫下來。

5. 把你一開始的擔憂說出來，接著再把剛剛寫下的每個回應也念出來。觀想每一個可能的回應，看看自己能否有效地處理這種情況，包括你的感覺、你使用的語言或採取的行動。

6. 用同樣的方式處理下一件讓你擔憂的事。一旦完成全部清單，花點時間檢視一下自己的情緒狀態，看看你的擔憂是否減輕或消失了。

在面對生命事件及所有情境時，請時時刻刻記住，降低焦慮的方法就是學會在事情不如你所願時，處理好可能產生的不適情緒。如果你覺得沮喪、憤怒、失望或難堪，應該怎麼辦？請相信，無論是情緒或其他方面，你手上都有足夠的資源幫你掌控這個情況，然後採取相應的行動。

那麼，你擁有的資源是什麼呢？首先，就是有能力去體驗並度過這八種不舒服的情緒。要做到這一點，你必須正確地辨

識並描述自己的感受，培養能夠自在表達這些情緒的能力，並在必要時採取行動（比如接受來自他人、組織或物質上的幫助，或是自己出色的規畫能力，這些都是能幫你掌控情況的資源）。以上所有元素，都有助於減輕焦慮。

記住，擔憂、焦慮和心不在焉，通常都是為了轉移注意力，好讓你不用去面對不舒服的情緒。當你把注意力放在焦慮背後的真實感受時，你的焦慮很可能就會大為減輕或甚至完全消失。

哪些思維模式會傷害你？

　　你如何體驗並表達不舒服的情緒，和你是否能建立自信、發展自尊及追求喜歡的生活息息相關。你在想些什麼、怎麼想，也扮演著重要的角色。正如我們在第 3 章談到的，重播記憶和負面的自我對話，只會讓感受更盤桓不去。在這一章，我將會更深入探討負面思考對生活造成的其他有害影響，尤其是認知扭曲、「錯誤的情緒算式」（Bad Emotional Math）、擔心別人的看法，以及破壞力最強的嚴厲自我評判等錯誤思考模式。你將會在這一章看到清理、解決或消除錯誤思考模式的方法。當你學會如何改變這些會傷害你的思考模式，就能享有更多的自由和力量，而這正是健康的思考模式帶給你的好處。

想法會撼動你的人生

　　幸福感很大程度取決於你怎麼想，也就是出現在你腦海中

的那些實際內容。如果請你看看腦袋裡現在都裝著哪些念頭，你會發現什麼？大部分內容是正面、樂觀及寬容的嗎？或是負面、悲觀、憤世嫉俗的呢？你的想法是平靜、滿足的，或是充滿了憤怒、失望及焦慮？

　　如果你的想法大部分是負面、悲觀的，那麼你有必要開始重新調整自己的思考方式了。細胞生物學家布魯斯・立普頓博士的研究提供了令人信服的證據，證明想法和信念會實際影響到身體的每一個細胞；正面、積極的思考能夠改善健康狀態並提高免疫力，而負面、悲觀的想法則會使細胞退化、降低免疫功能[1]。許多研究人員都曾探討正面心態對身體的影響，神經內分泌學家布魯斯・麥克尤恩（Bruce McEwen）博士和羅伯・薩波斯基（Robert Sapolsky）博士更進一步整理出正面心態對健康的益處，以及這樣的心態如何促進免疫功能，並降低壓力對身體健康的影響。這兩位學者的研究指出，負面想法會對身體機能帶來非常深遠的影響：它們會干擾新陳代謝及荷爾蒙的分泌，導致身體發炎、生病及免疫力下降[2]。相反的，正面想法能促進身體釋出神經肽，幫助對抗壓力及可能出現的嚴重疾病[3]。

　　針對冥想和正向心理學所做的研究，強烈顯示樂觀的態度、正向思考、保持積極的價值觀以及專注力的練習（例如冥想、瑜伽等有益大腦的活動），都對情緒和心理健康有非常好的效果。於是，我們不禁想問：「還有什麼好處是正面情緒不

能給我們的？」

　　以冥想為例，有許多研究都指出，正念冥想（例如正念減壓）可以有效管理焦慮、憂鬱和壓力[4]。持續練習正念減壓的人會發現一些明顯的改變，包括他們更能察覺內在和外在世界正在發生的事，但不做任何評判或反應（例如思緒和感受可以輕鬆地來去自如），而這樣的能力有助於更好地控制情緒[5]。整體來說，正念練習能夠改善人們的思考模式、幫助調整負面心態，以及防止出現情緒問題。

　　正面情緒及樂觀有許多共通的好處，包括：減輕抑鬱程度及症狀；降低自殺、精神分裂及身體疾患的風險；降低社交焦慮；以及降低濫用藥物的可能性。正面情緒也能促進社交及人際關係，社交能力強，就能交到更多的朋友；而良好的人際關係，則會增進健康、社會接受程度及幸福感，讓人更有精力和活力，從而有助於延年益壽。此外，正面情緒還能帶來更強的創造力（包括思考更靈活、更有原創性，以及更有效率地解決問題）[6]。

　　我在第 3 章曾提到情緒的三個目的是保護、連結及創造力；但要注意的是，「負面」情緒只與保護及求生存有關。只有在沒有啟動保護模式的情況下，我們才能體驗到正面的情緒，並發揮連結與創造的功能。求生存的保護模式，會縮小我們的生活範圍及焦點；相反的，離開保護模式則會擴展我們的

生活範圍及焦點[7]。

　　心理學家芭芭拉‧佛列德里克森（Barbara Fredrickson）的研究，反映了這種擴張的概念。她針對正面情緒，發展出一套擴展與建構理論（broaden-and-build theory），強調這些情緒在我們生活中發揮的作用。佛列德里克森認為，我們在每個當下感受到的正面情緒會隨著時間累積起來，用以幫助人們建立持久的技巧（例如音樂能力），這種技巧既可以有目的地使用（職涯發展），也可以純粹當成娛樂（愛好）。同樣的，正面情緒也可以幫助人們在社交、智力、生理或心理等方面有所成長，從而拓展或擴大個人的世界。比如說，興趣或好奇心讓我們渴望去探索或嘗試新事物，如果能持續維持這樣的興趣，就能在相關領域更加精進及擅長[8]。

> 正面情緒能幫你擴大及建構個人的世界；相反的，
> 負面（不舒服的）情緒會縮小你的生活範圍和焦點。

　　以上所有證據都在告訴我們，心態會直接影響身體及情緒的健康，那麼我們就接著來看看，負面思考會如何削弱我們的自信、健康及整體的幸福感。當然，我們也會談到應該怎麼做，才能把負面的思考模式扭轉過來。

◌ 測量你的負面思考程度

　　精神科醫師亞倫·貝克（Aaron Beck）因為以認知療法來治療憂鬱症患者而聲名大噪，他認為負面思考是造成憂鬱症的主因[9]。事實上，負面及消極的想法確實是助長憂鬱症的溫床。

　　被負面想法糾纏的人，很可能會反覆不斷地以消極的方式來解讀自己、世界和未來。更具體來說，這樣的人會用責備方式來對待自己，認為世界充滿了障礙和無法解決的難題，而未來則看不到任何希望，因此唯一的可能結果，就是失敗[10]。顯然的，這樣的心態只會不斷削弱你對自己的良好感覺，並壓抑你追求興趣或重要目標的欲望。

　　這種思考模式不容易擺脫，因為它會不斷強化人們對某些艱難經歷的記憶。我們的大腦是「聯想的器官」（把當下的神經放電模式，與過去的想法、記憶及感官經驗相匹配），也是「預測的機器」（根據過去發生的事來預測或為下一刻做準備）[11]。這意味著，你先前習得的所有一切都會影響你如何感知及詮釋現在。這裡所說的「習得」，也可能包括別人傷害你的話語、傷害你的肢體動作、痛苦的記憶，以及悲觀和自我打擊的念頭。

　　因此，如果你陷入這一類的回憶出不來，或陷入類似的思考模式，就等於是在阻止自己完全活在當下，也在阻止自己去

體驗滿足、滿意和快樂的狀態。負面的消極思考只會讓你對痛苦的過去或對未來的糟糕預測感到焦慮不安,讓你感覺生活中沒有什麼可以期盼、感激的,也不會發生值得慶祝的好事。

雖然負面思考和許多不舒服的情緒經常綑綁在一起,負面思考也經常會引發不舒服的感受,但兩者的處理方式並不一樣。負面思考會影響你如何看待及解讀這個世界,而且就像熟能生巧的道理,我們也需要反覆訓練大腦,才能扭轉大腦的思考模式,從負面轉向正面,從消極轉向積極。

筆記 **6**:我都在想些什麼?

用好奇、和善及溫柔的眼光來審視自己,你覺得自己是個什麼樣的人?

你在想什麼?在你腦海中,哪些想法占了主導位置?你是否注意到這些想法有共同的模式或傾向?

【練習】負面思考的測驗及轉變

一開始,請下定決心用一週時間來追蹤你腦袋中的想法,看看它們的正面與負面傾向;接著再用一週時間來練習如何轉移這些想法的焦點。

1. 製作一張有兩個欄位的表格，一欄標明「正面／樂觀／接納的想法」，另一欄標明「負面／悲觀／憤世嫉俗的想法」。格式如下：

正面／樂觀／接納	負面／悲觀／憤世嫉俗

2. 為了讓你更清楚察覺自己的想法，每隔三到四小時就停下手邊的工作，密切關注你腦袋在想什麼，持續追蹤七天並把想法記錄在你所做的表格上。每一個想法都要歸類在正面或負面欄位，並註明該想法的焦點是關於你自己（例如你對自己的態度）、關於這個世界的運作（例如阻礙或機會），或者該想法和你未來的生活有關（例如黯淡沒有希望，或是充滿了希望）。

3. 同時，請注意這七天中，出現負面想法與正面想法的頻率，好評估你的思考模式傾向。

4. 在第二週的七天中，如果發現自己又出現了負面／悲觀／憤世嫉俗的想法，要練習做心智上的轉換，把負面說

法換成正面／樂觀／接納的說法。例如，將「這件事行不通，最後一定會搞砸，不可能成功」轉換為「我希望事情會以我想要的方式發展」。如果你一時間做不到，也可以換成比較中性的說法，例如「我不確定最後會怎樣，但不管發生什麼我都願意接受」。

5. 持續做這樣的心態調整練習，直到你成功訓練自己的思考模式，讓大腦自然而然地產生中性或正面／樂觀／接納的想法。

---

* 在我的網站 www.DrJoanRosenberg.com/resources90/ 還有更多的表格、引導式練習與相關資源。

◌ **覺察你的思考模式**

光是注意你在想什麼還不夠，你還必須覺知到你是怎麼想的。你的想法包括實際的念頭及某個主題（比如你需要完成的任務、你想傳簡訊或打電話聯繫的對象、你期待的某個事件），而你是怎麼想的，指的是你的思考模式。非理性的思考模式所產生的想法和信念，有可能會引發憂鬱症狀或是讓症狀更惡化。例如，有一種模式叫「個人化」（personalization），

也就是認為無論發生什麼都是針對你而來，或當情況無法控制時，全都歸咎為自己的錯。你在想什麼以及你是怎麼想的，會影響你的感受及表達方式，因此關注並調整這兩個部分，都能幫助你培養情緒力量、自信心以及情緒復原力。

　　以下這些思考模式的名稱來自亞倫・貝克博士的研究[12]，而精神科醫師大衛・柏恩斯（David Burns）則透過《感覺良好：新情緒療法》（*Feeling Good: The New Mood Therapy*）一書，對這些概念做了更詳盡且普及大眾的詮釋[13]。柏恩斯提到，有幾種人們常做的假設與錯誤認知（思考方式），會使人陷入憂鬱，感覺自己糟糕透頂，活得非常不開心、不如意。這些錯誤的思考方式似乎會使人陷入一種往下墜的情緒漩渦中，自暴自棄地看輕自己，對於和他人的聯繫興趣缺缺，也沒有精力及欲望去追求自己的目標。

　　心理學家用「認知扭曲」一詞來形容這種非理性或有缺陷的思考模式。接下來我將列出一些經常從個案口中聽到的模式，在心理學的學術文獻中還能找到許多例子。以下這些模式有部分重疊，有時也會同步發生。

　　當你看過下面所列的思考模式後，從中選出一個最符合你思考方式的認知扭曲模式[14]。這麼做的目的，是為了讓你能用更正面、更開闊的方式來思考事情。一次只選擇一個思考方式來調整，這需要花費時間和心力，因為你需要覺知到自己的認

知扭曲,並在每一次使用這種思考模式時逮住它,然後用更有建設性、更樂觀的想法來取代舊的思考模式,即使你還無法完全相信前者。在每一種認知扭曲模式的最後,我都會列出一些建議供你參考。當你越是努力改變每一個模式,就會越快體會到更大的情緒自由。

非理性的認知扭曲

1.「全有或全無」的思維模式:非黑即白、非好即壞、非此即彼,所有一切都是極端的,沒有中間地帶。然而,真正的生活其實充滿了各種不同的灰色地帶。類似的念頭,還有不夠完美就等於失敗。當你傾向於用「非此即彼」的方式來為人事物歸類時,意味著你接受不了世間事物的複雜性。

◆建議:用「既 A 且 B」(both/and)的角度看事情

我們身處一個複雜的世界,卻被許多人過度簡化,用「非此即彼、非黑即白」的方式來看待。你可以看看,自己是不是也用這種全有或全無的極端角度看世界。以下是一些幫助你調整的建議:

a) 下定決心,打破「非此即彼」的思考方式。

b) 注意你有多常在言談或自我對話時,只給自己兩種選

擇（比如：如果要上場跳舞，我必須跳得很完美，否則看起來就會像個可笑的傻瓜）。

c) 試著在兩個極端選項之中，找到另一種可能性（比如：我很愛跳舞，也跳得很好，所以我只要去享受跳舞的感覺就好），透過這樣的方法來挑戰你原有的思維方式。接著，再從這兩個極端中找到另兩種可能性（比如：我或許沒有跳得很棒，但我以後不會再遇到這些人了；我就去跳兩首歌，如果還是覺得尷尬就再回來）。多出一個新的選項可以幫你打破舊模式，而繼續生成更多選項，則可以幫你更熟悉這個技巧。

d) 根據不同情況，你也可以試著用「既 A 且 B」的角度來打破非此即彼的思考模式（比如：我既高興自己有去跳舞，但也有點沮喪，因為我沒有屬害到贏得獎項）。

2. 過度類化（Overgeneralizing）：這是一種以偏蓋全的思考模式，我們很容易就把對某情況為真的事實，套用在其他任何情況上——即使這些情況只有部分共通點。有這種思維模式的人，會企圖在單一的獨立事件中找到一個通用的規則，然後套用在不相干的情況上。例如，你有過一次失敗經驗後，就覺得自己每一次都會失敗。

◆ **建議：就事論事，個別看待**

如果你習慣做出過分類化或以偏蓋全的結論，請時時提醒自己，你得知的真相或觀察到的情況只適用於這一個情況，也只能用來說明這一個情況。除此之外，你還可問問自己，你是不是試圖把從這種情況中得到的結論，盲目地套用在你所預期的未來情境中。記住此一時彼一時，你遇到的每個情況都要單獨看待。

3. 否定正向思考（Disqualifying the Positive）： 你總用各種理由，一口咬定過去的正面經驗「不算數」。這種心態，會讓你日復一日地抱持著和現實經驗互相矛盾的負面信念。

◆ **建議：接受正面的事物**

當你否定正面的事物時，基本上就是在找理由推開好事，或是讓好話無法進到自己的耳裡。如果是這樣，你要採取的最重要一步，就是不要再一味地對聽到的好事充耳不聞。如果你真的很難接受他人所說的好話，或許可以從一句簡單卻真摯的「謝謝」開始做起，然後讓自己想像或感受一下，如果對方說的話成真了，情形會是什麼樣子。

4. 誇大、災難化或貶低： 你有可能把某些細節或事件過度放大（比如你犯的過錯，或他人的成就），或是認為實際情況

比呈現出來的情況更嚴重（心理學名詞叫「災難化」），你也可能把某些細節或事件的重要性貶到最低（比如你令人欣賞的品格與特質，或他人的過錯）。無論是哪一種，都只會削弱你自己和你的價值。

◆建議：逮住這兩種思考模式

如果你有把自己的過錯或他人的成功放大來看的傾向，那麼你很可能也習慣把自己的優點和他人的過錯最小化，因為這兩種思考模式往往會一起出現。若你發現其中一種（或兩種）念頭又出現在你的腦袋中，請告訴自己，你的想法已脫離現實。你必須承認：你的錯誤不是災難，你的優點和成功也比你想的還要出色。

5. 個人化或過度承擔責任：所謂「個人化」是指出現某個負面事件時，以為自己是始作俑者，會發生該事件全是因為自己的緣故，或是把外在事件無憑無據地攬在自己身上。像這樣的思考模式，會對你的日常經驗以及你看待自己的方式造成負面影響。

◆建議：其他人也有責任

要調整個人化的心態是一大挑戰，因為除了會帶來壓力及負擔之外，它還滿足了人們想要被視為有責任感的渴望。在你急於承擔責任而情況又超出你的控制時，請問問自己，這個問

題真的是你引起的？又是如何引起的？同時也要問問自己，你是否為了保護其他人而承擔莫須有的責任？想一想，是否還有其他原因導致了眼前的問題？還有誰也應該負起責任？

6.「應該」式的陳述：使用「應該」、「必須」、「一定要」等字眼的批判性陳述句，是從心理上懲罰自己。然而，這些字眼通常只會帶來挫敗與憤怒的感受（例如，你應該在週五前就完成這份計畫書，才稱得上是個有生產力的人，而不是懶惰的廢物）。

◆**建議：拓展你的選擇意識**

或許你聽過這樣的一句話：「沒有什麼事是你應該做的。」像「應該」、「必須」、「一定要」等字眼，只會帶來約束及限制，讓你的選擇變少。只要調整用字，就可以增加你的選項，並拓展你的選擇意識，例如你可以這麼做：

a) 留意你對「應該」、「必須」和「一定要」等強制性字眼的使用；

b) 換成「我可以」、「我選擇」或「我決定」。

以上任何一種認知扭曲，都可能出現在你身上，而且使用的次數越多，你對自我的感受就越不好，也越可能感覺受到拘

束、限制，或被困在當下的生活情境中。你甚至可以把上述的認知扭曲，想像成一圈圈的蜘蛛網，你使用的認知扭曲越多，就越容易被困在蜘蛛網中。認知扭曲的想法會讓你感到沮喪，或甚至絕望[15]。當你開始有意識地停止使用這些錯誤的思考模式，就是在剝除一圈又一圈的蜘蛛網，直到終於出現一個讓你得以喘息及解脫的開口。

　　二十六歲的馬許因為持續的情緒低落及孤僻，前來尋求我的協助。雖然他身邊有家人和朋友，但他已經失去跟他們待在一起的興趣。除了上班、下班，他可以連續好幾個禮拜不出門，把自己關在公寓裡。他經常約了朋友後又爽約，對工作也提不起興趣，停滯在一個不喜歡的職位上。他感到質疑又無助，不相信這樣的情況會有任何變化。我幫助他辨識出自己錯誤的思考模式，並讓他明白這些模式可能會帶來哪些影響。此外，我們也找出了他錯誤的情緒算式（請參見 200 頁）。當馬許意識並理解到他的想法會如何影響心情、動機以及對人生的展望後，就開始下定決心去挑戰這些長久以來的錯誤信念。首先，他的心情變好了，一段時間後，他重新開始和家人朋友主動接觸，工作上也學會了許多新技能，接連獲得升遷。除此之外，他還找回了自己對音樂的熱愛。

　　如果你能夠監控自己「在想什麼」（悲觀／負面／憤世嫉俗的念頭），以及「怎麼想的」（你經常使用的認知扭曲或負

面思考模式），然後進一步去調整這兩個部分，那麼就真的很有可能會經歷非常大且持久的轉變。請記得，像這樣的負面思考方式只會限制你的生活體驗。改變思維的內容與方式會創造更多的選擇，讓你的生活變得更加開闊、充滿希望，你不僅會因此感覺更好，還有機會重新燃起內心的渴望去追求更有意義的生活。

一旦不再使用這些扭曲的思考模式，就等於創造出一條通往更自由、更能充分表達自我的人生道路。憂鬱的情緒也會開始消散，從自我設限和受困的信念中掙脫而出。你會發展出更多的情緒彈性，這是一種有意識的回應能力，而不是反射性的反應能力；而且遇到困難時，還有足夠的復原力讓情緒回復到正常。人的一生中有許多值得你去體驗的事，你所需要做的，就是有意願去打破舊有的思考模式，因為這些模式會束縛你並分散你的注意力，讓你無法聚焦在真心渴望的事物上。

如何不去在意別人的看法

人們最常向我傾訴的一個困擾，就是擔心別人對自己的看法。如果你也有這樣的問題，請記住，並不是只有你如此。有些人會非常在意其他人對自己的看法，以至於寧可取消或拒絕社交活動的邀請，以避免面對那些情況。

　　像這樣的憂慮可能會以下列的自我對話方式出現：

◆「別人會認為我看起來很胖。」（或很醜、很俗氣、沒有吸引力。）

◆「如果我開口回答，聽起來一定很蠢。」

◆「他們一定不喜歡我的穿著。」

◆「要是我去了，他們會奇怪我為什麼會收到邀請。」

◆「他們一定會笑我。」

　　我們來分析一下這些問題。首先，當你擔心別人會怎麼想時，就是把你的注意力、情緒力量和個人力量的核心從你身上移開，放到他人身上。如此一來，你會看不見什麼對你才是重要的，這包括你的想法、感受、感覺或需求，你對其他人的感覺，以及你對這個世界的真正感覺。

　　想像有一群人圍成一個圈，而你站在這個圓圈的中間，並環視著身邊的每一個人。這個中心位置握有個人的力量。接著，再想像圍成圓圈的某些人正在看著你，而你要試著透過他們的眼睛來看自己，而不是透過自己的眼睛。在第二個想像的情景裡，你處於失衡狀態，因為能量正在從外面的圓圈向你襲來——結果就是，你失去了個人的力量。這就是當你透過他人眼睛來生活的情況，它迫使你成為一個人體蝴蝶餅，為了討他

人歡心而用各種方式來扭曲自己的樣子。最後，你只會不斷猜想別人喜歡什麼、需要什麼或想要什麼。這種做法從來不會有任何好效果，只會讓你不斷妥協，變成自己都不認識的樣子。

在意別人對你的看法，可能會主導你的思緒，甚至主導你想事情的方式。過度關注別人對你的看法（事實上，只是你在猜想他們可能怎麼看你），這種心態其實是一種轉移注意力的手段，好讓自己不會感覺到脆弱。而真正的情況則是反過來：他們都在擔心你會怎麼看待他們。

「我是誰？」你如何定義自己

擔心別人怎麼看待你（事實上，這是來自你的猜想），會讓自己陷入一個真正的難題中。當你年紀還小時，需要透過觀察、回饋以及與他人的連結來幫助你成長。這種與他人連結的天性，會影響大腦結構的發展，也會影響大腦運作的效率。隨著年紀增長，來自他人的回饋固然有幫助，但如果過於看重他人的觀點，就永遠無法發展出足夠的信任與自信，因此也無法自在地表達自己。

在生命的早期階段，你需要更多來自他人的回饋，以幫助大腦及自我意識的發展。這種回饋首先來自你的父母或照護者，然後是老師、教練和其他帶領你的導師。當你進入童年後

期至青春期，父母和權威人士的重要性可能會稍微退居第二線，這時的你更看重的是同儕的回饋。

　　時光荏苒，長大成人的你對他人回饋的依賴程度應該會大幅減少。並隨著你不斷成熟，他人的意見（例如告訴你應該怎麼做或提出建議）及他人對你的影響都不再那麼重要，因為你可以感覺到自己有能力做決定。換句話說，你知道自己想做什麼且對此深信不疑，並且更依靠自己內在的知識和引導，而不是由他人為你設定方向。當然，如果他人的意見能夠幫你或是有參考價值，你依然可以採用，但重要的是，你要能分辨哪些意見是在幫倒忙，而哪些意見是真的有建設性，可以引導你的決策過程。懷疑自己、質問自己，把別人的意見看得比自己的重要，都會削弱你自立自強的能力。

　　你不妨這樣想：從出生到二十多歲，你需要他人的回饋來定義自己。在二十多歲後，你則是用他人的回饋來完善自己。

　　從神經科學的角度，可以解釋我們為何會這麼介意他人的看法。把注意力放在他人身上，是與生俱來的本能。無論我們是否意識到，我們其實時時刻刻都在評估其他人及環境的安全、危險和威脅 [16]。因此，如果你習慣擔心別人怎麼看你，也是有道理的。

　　然而，當擔心別人的看法變得極端，或成為生活中的主要焦點時，你的生命經驗就可能受到限制，並大大削弱自己的力

量。我相信像這樣的擔憂是很多社交焦慮的主要原因。如果你不再那麼擔心他人怎麼看你，或者不再總是猜想別人對你的看法，就能體驗到更多的自信，並且更享受你的生活。

如果下列描述符合你的情況，那麼接下來的資訊將會對你非常有幫助。

◆ 總是在想著別人對你有什麼看法；
◆ 過度在意別人對你的看法（或更精準地說，是你認為別人怎麼看你）；
◆ 害怕在他人面前犯錯；
◆ 害怕出糗、被嘲笑，或被認為愚蠢；
◆ 害怕冒險；
◆ 害羞；
◆ 害怕公開發言；
◆ 不敢公開講電話；
◆ 害怕參加社交聚會。

我想請你先回答幾個問題：

1. 你覺得平時人們有多少時間會想起你？請注意我的問法，我並不是說：「人們平時想起你的時間有多少？」

　　我問的是：「你**覺得**平時人們有多少時間會想起你？」

2. 你認為大多數時候，人們心中對你的看法跟你所猜想的完全一樣嗎？

3. 在你忙著擔心別人對你有什麼看法時，你錯過了什麼？

關於第三個問題的答案應該是，你錯過了──

a) 對個人經驗的覺知──包括你的想法、感受、感覺或需求。

b) 你對他人的想法，以及你和他們在一起的感覺。

c) 充分覺察周遭世界的機會。

　　你不可能真正知道別人在想什麼，你頂多只有猜測。如果你開口問對方，就有可能知道──而且一旦你問了，就會知道對方很少或根本沒有把注意力放在你身上

　　總之，你會因此失去了個人體驗的機會。在每一個可以去探索個人經驗的當下，你都把自己抽離了。這意味著，當你把時間用在猜想他人想法時，就無法在當下得知你對自己的想法，也無法從你的角度去體會當下的經驗。因為你和自己的內在已經中斷連結了。

　　這種從外界角度來看自己（從外向內）的思考模式，只是

想要掩飾自己的脆弱。這樣做，你是在創造並屈從於一種虛假的陳述，而不是去體驗你真實的反應。換句話說，你是試圖用憂慮來控制自己的脆弱，不允許暴露出真實的自己。記住，這只是你從八種不舒服的情緒（尤其是脆弱與難堪）轉移注意力的手段而已，不會對你有任何好處。

舉個例子，假設你最近胖了幾公斤。當你去逛百貨公司時，你可能擔心其他人會覺得你看起來好胖；即便只有你自己這樣想，但你卻覺得所有人的想法都跟你一樣。

那麼，你能怎麼做呢？以下這六個步驟的策略，能幫助你不再那麼擔心其他人對你的看法。

【練習】拿回個人力量的六個步驟

根據上面的訊息，讓我們一步步來改變你的思考方式：

1. 注意你有多常把時間花在擔心或猜想別人對你的看法；這是一種從外向內的思考模式。

2. 問問自己，為什麼會覺得別人會花那麼多時間來看待你？雖然你擔心的是別人怎麼看你，但其實你終究擔心

的是自己。即使你最不可能的答案是「因為我是特別的」，連這樣的想法都需要改變。

3. 請認知到這只是假設，也就是你假設自己知道別人在想什麼，通俗來說你是在試著讀心。事實上，你是在把自己對自己的想法投射到別人身上。一旦意識到你陷入了讀心的思考模式，請提醒自己，你正在假設別人會用你的想法來看待你。然後停下來問問自己：「他們是否真的這樣看待我？如果是的話，他們對我的看法，完全跟我想的一模一樣嗎？」

4. 持續去覺知這種從外向內看自己的思考模式，並意識到用這種角度看自己，只是你企圖讓自己轉移注意力的一種手段，好讓你不用去感受那些不舒服的想法或情緒，而這些想法或情緒可能根本和別人對你的看法無關。問問自己：「有什麼不舒服的想法或感受，是我不願意去覺察到的？」

5. 這種從外向內的思考模式，目的通常是為了轉移自己的脆弱感。問問自己：「我為什麼會感到脆弱？」

6. 當你沉浸在思考別人對你有什麼看法時，就等於從當下的經驗抽離。你的力量核心會從你的身上，轉移到其他人身上。因此，你需要把自己重新帶回來，把意識帶回到當下的體驗。主動改變你的思考方式，讓它變成從內

向外思考。要做到這一點，最好的方式就是問問自己：
「我現在需要什麼？我在想什麼？感覺到了什麼？」然
後用適當的方式把這些答案傳達給其他人知道。這麼
做，就能幫助你重新感受到自己的力量和控制感。

左右結果的情緒算式

在我的執業生涯中，經常發現人們會把兩種不相等的想法
或信念畫上等號。例如，常聽個案告訴我，如果這次任務失敗
了就表示自己是個失敗的人。然而，某個任務失敗只意味著該
次的任務失敗，和你是一個成功或失敗的人，沒有一點關係。
當與個案討論如何改變或成長時，她可能會說：「反正我一直
都是這樣。」但是，過去或現在的自己所使用的某種處理方
式，並不表示未來也一直會採取同樣的方式。我把這樣的陳述
稱之為「錯誤的情緒算式」。

我們可以把「錯誤的情緒算式」想成是另一種認知扭曲，
這些想法會限制、約束、困住你。錯誤的情緒算式不只會讓你
失去信心，不相信未來可能出現讓生活更美好、更快樂的轉
變，同時也讓你不相信自己有能力帶來這樣的轉變。在情緒
上，它會讓你把世界看得很狹窄、充滿限制、沒有機會，被焦

慮、憂鬱、無助與絕望籠罩。因此，當你開始檢視自己在想什麼以及怎麼想時，記得要停止並替換這些錯誤的情緒算式。

　　請在下面左右兩欄的表格中，把最能準確描述你的句子圈起來。看看你在左欄的「錯誤的情緒算式」裡圈出的句子，然後問問自己，你有什麼信念、態度、感受或行為需要改變，並以右欄「良好的情緒算式」來取代。

錯誤的情緒算式	良好的情緒算式
出現一件壞事＝所有事情都是壞事	出現一件壞事＝出現了一件壞事
過去是這樣＝以後都會是這樣	過去是這樣≠現在或以後都會這樣
過去一直這樣＝以後都會這樣	過去一直這樣≠現在或以後都會這樣
我就是這樣的人＝我以後也是這樣的人	我就是這樣的人＜我能成為的人
過去＝現在	過去≠現在
過去＝未來	過去≠未來
現在＝未來	現在≠未來
「糟糕」的感受＝糟糕的我	「糟糕」的感受＝不舒服的情緒
「不堪」的感受＝不堪的我	「不堪」的感受＝不舒服的情緒
我做的事＝我是什麼樣的人	我做的事≠我是什麼樣的人（例如：做錯事或失敗≠我是個失敗者）
我是什麼樣的人＝我想要什麼	我是什麼樣的人＞我想要什麼
我是什麼樣的人＝我擁有什麼	我是什麼樣的人＞我擁有什麼

錯誤的情緒算式	良好的情緒算式
我是什麼樣的人＝我感覺到什麼	我是什麼樣的人＞我感覺到什麼
我是什麼樣的人＝我在想什麼	我是什麼樣的人＞我在想什麼
我是什麼樣的人＝我相信什麼	我是什麼樣的人＞我相信什麼
我是什麼樣的人＝我做了什麼	我是什麼樣的人＞我做了什麼
我是什麼樣的人＝我完成或表達了什麼	我是什麼樣的人＞我完成或表達了什麼
我是什麼樣的人＝別人怎麼看我	我是什麼樣的人＞別人怎麼看我
我是什麼樣的人＝我的名聲	我是什麼樣的人＞我的名聲
我是什麼樣的人＝我的表現	我是什麼樣的人＞我的表現
我是什麼樣的人＝我的父母／孩子	我是什麼樣的人≠我的父母／孩子
我是什麼樣的人＝我的標籤	我是什麼樣的人＞我的標籤
我是什麼樣的人＝我的疾病	我是什麼樣的人＞我的疾病
我想自殺＝行為／行動	我想自殺＝無法面對難以承受的痛苦

* 在我的網站 www.DrJoanRosenberg.com/resources90/ 還有更多的表格、引導式練習與相關資源。

　　為了讓你對這一切更有概念，讓我們來看看我過去的一個個案——艾咪，是如何改變了她的工作生涯。艾咪當時承受了極大的壓力和焦慮，一直都想要辭職，原因是她害怕自己終究

會被炒魷魚。不過，並沒有證據顯示她的工作會不保，因為她從上司和同事接收到的回饋都相當正面，但從她嘴裡說出來的話卻總是負面的自我貶抑居多。她總是第一個認為自己的工作出問題的人，她不承認自己有任何優點，也不覺得有什麼樣的成就。來自上司和同事的正面回饋，都被她習慣性地忽略或充耳不聞。

　　或許你可以看出艾咪的問題在哪裡。首先，她在想什麼？毫無疑問的，她的想法都是負面的。此外，我們還可以看看她是怎麼想的？其中是否有認知扭曲的部分。艾咪會貶低正面的訊息，她用極端的方式來表達自己的想法，並透過誇大負面訊息、貶抑正面訊息來拒絕接受正面的回饋或讚美。從錯誤的情緒算式來看，她也認為別人的觀感、自己的名聲和成就，決定了她是一個什麼樣的人。她認為只有上一次成功完成的計畫，或是上一筆高價成交的生意，才能證明自己是優秀的。

　　上述的每一個信念，都是可以改變的。為了解決這些錯誤的思考模式，首先要從認知扭曲下手。我讓艾咪了解到，她的這些想法已經嚴重失衡，因為她只允許自己關注負面的訊息，即便生活中有許多好事發生。接著，我們一起找出證據——她獲得升遷、有新的職稱，而且也加薪了；她和母親的關係改善了；她正和自己感興趣的男生在約會；她還養成了固定的運動習慣。一旦她能開始好奇，願意去關注並接受身邊溫暖和支持

性的回應，以及生活中可能發生的好事，就能意識到她把多少精力放在負面訊息上，而其目的是為了阻擋可能出現的失望和脆弱感受。

在艾咪學著調整負面的情緒模式時，我們也花了點時間去了解她是如何發展出這些信念的，例如「只有成就才能說明我是什麼人」。關於這個錯誤的信念，其中一個發現是，過去的她只有在做了什麼之後，才可能被注意到或受到表揚，她從來沒有以本來的樣子接收到愛和肯定。接著，我們又繼續探討她持有的每一個信念，例如她上次的成就不足以代表她的全部，真正的她比上次的成就要精彩多了。當她明白這一點後，自己給自己的許多壓力就放下了，她變得更放鬆、更自在、更平靜、更快樂，也笑得更多了。逐一處理這些信念，對於抒解她的壓力有非常大的效果。

筆記 7：錯誤的情緒算式

根據你每一個錯誤的情緒算式，問問自己是怎麼發展出這樣的信念的？把答案寫下來，接著寫下你因為這個信念得到哪些好處，以及因為這樣的信念而遇到哪些困境。此外，為了維持良好的情緒算式信念，你需要做哪些改變或採取什麼行動，全部都寫下來。

　　改變想法，會改變你隨後的經驗。改變想法通常需要一層層解開你的感受、想法，以及思考模式。尤其在處理嚴厲的自我評判及負面的自我對話時，更是如此。

◎ 停止嚴厲的自我評判

　　只要停止嚴厲的自我評判（有些人也稱為負面的自我對話），就有可能帶來相當大的改變，有助於你培養自信心、情緒復原力，並真實地做自己。嚴厲的自我評判可能包括：說自己一無用處、愚蠢、沒有能力、呆板、肥胖、不受歡迎、沒有人愛、不被需要、沒有吸引力、長得醜，或是其他各種負面的話語。這些自我評判的話，通常和你認定是缺陷或不足的特質有關。

　　雖然有些人認為「嚴以律己」是激勵自己的一種方式，但事實上，這些想法和言語會對自己造成很大的傷害。這些不健康的、嚴厲的自我評判，會侵蝕自尊、讓人喪失鬥志、削弱動力，甚至連靈魂都被耗空。

　　我用「嚴厲的自我評判」來指涉所有嚴格、殘酷、輕視自己及打擊自己的想法。無論是有意識的想法及態度，或是無意識的假設與信念，我指涉的負面思維都側重於對自己的嚴厲批

評和攻擊。這可能也包括別人曾經當面或在背後對你說過的傷人或貶低的話語，而你一直在腦海中不斷重播，直到自己信以為真。我對「負面的自我對話」定義更廣，它可能包括打擊自己的許多想法，以及對自己、對世界和對未來的悲觀態度；或者，它也可能與頻繁回顧及重述不堪的記憶、痛苦、怨恨及不滿有關。

雖然大部分的人認為，嚴厲的自我評判是一個嚴重的問題（它確實是），但他們不明白自我評判背後的真正作用：切斷或轉移八種不舒服的情緒（悲傷、羞愧、無助、憤怒、難堪、失望、沮喪與脆弱）。以悲傷和失望來說，它們是很不舒服的情緒體驗，甚至有可能帶來莫大的痛苦。它們也可能像催化劑一樣，帶出更嚴重的問題（例如憂鬱症），但除非是相當特殊的情況，否則它們不會真的造成嚴重的後果 [17]。如果你真的就事論事地去評估自己的技巧和能力（有建設性的批評），這樣的做法不會帶來傷害。相反的，嚴厲的自我評判卻有極大的破壞性；當你這麼做時，就等於在用自己的心智摧毀你的自我意識、你活在當下的能力，以及你的希望和信念，還有你對於未來無限可能性的探尋。

我第一次明白嚴厲的自我評判可能造成的傷害，是我以心理諮商師身分在南加大執業時。那時我的個案傑夫正在寫博士論文，簡單來說就是傑夫只要感到失望、挫折，論文就會停

擺。這些情緒有時來自他找不到合適的文獻、聯繫不上指導教授，或是寫作遇到困難。當我們進一步探討他難以容忍挫折感的問題時，我發現他會直接從單純的挫折感，演變成使用一連串難聽的字眼來形容自己，例如說自己能力不足、沒有資格、不配等等。發現他這麼快就從不舒服的情緒（沮喪），切換到如此嚴厲的自我評判，真的讓我大為震驚。和傑夫的互動讓我第一次明白，人們是如何用嚴厲的自我評判來切斷或轉移不舒服的情緒。

> 嚴厲的自我評判，是人們用來切斷
> 或轉移不舒服情緒的手段。

　　這是一種惡性循環，大致遵循著以下的順序。傑夫的失望和沮喪讓他覺得「心情不好」；因為失望和挫折感是如此難受，傑夫便用我的能力不足、我不配、我沒有資格等字眼來形容自己。當然，當傑夫認為自己能力不足、一無是處或不夠資格時，情緒就會更惡劣。這樣的過程似乎普遍出現在很多人身上。不管怎樣做，情緒都不會太好。在這個例子中，傑夫看似在控制自己「心情不好」的程度。

　　然而，當你選擇採用嚴厲的自我評判時，你的心情只會比讓自己直接去體驗並度過原本的不舒服情緒要糟糕許多。以傑

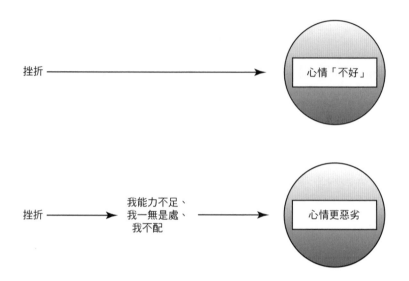

夫的例子來說，他本來可以去體驗挫折和失望的感受，然後找
到處理這些感受、解決當下困境的方法。

正如我先前所說的，除非有意識地覺知你正在感受什麼，
否則你都不能算是真正掌控了自己的情緒。由於大多數的人都
不喜歡經歷不舒服或無法掌控的情緒（例如沮喪或傑夫的「心
情不好」），於是許多人只要一察覺到不舒服的情緒，就會訴
諸嚴厲的、懲罰性的、批評的或殘酷的自我對話與自我評價。

長時間採用這種負面的思考方式，會帶來什麼影響呢？總
之，你不可能只是心情不好而已，而是你的感覺會明顯變得更
糟糕。一開始只是事情不順利的心情「不好」，但持續的嚴厲

自我評判，會讓你陷入到一個黑暗又痛苦的境地，感覺這條漫漫長路似乎看不到盡頭，走得又費力又毫無希望。

　　除非你好好度過九十秒的情緒浪潮，否則沒有任何方法能讓你阻止或控制這些自然浮現的情緒，無論你多麼想做到，都是徒然。然而，每個人確實都能控制自己的想法以及思考模式，也就是說，你可以控制你要怎麼想、自我對話的內容，以及你如何評價自己。在此需要記住的一點是，你無法控制你的感受，但你可以控制你的想法。

　　讓我進一步說明。當你貶低自己時，看似控制了自己的感受，因為你操控了自我評判的想法，包括你什麼時候開始批判、什麼時候停止批判，以及批判的頻率和強度如何、持續的時間有多長等等。我把這些稱為「掌控的錯覺」（delusion of control），因為所有你對自我評判的掌控程度（例如頻率或強度），讓它看起來就像你可以控制你的實際經驗一樣（你對失望或挫折的自發性反應），但其實你所控制的並不是這些情緒經驗。

　　在事情不如所願時嚴厲地批判自己，不僅是用想法來綁架不舒服的情緒，它還會像焦慮一樣，先發制人地搶占你正面回應的位置。也就是說，你嚴厲的自我評判會表現為自我懷疑，從而阻止你去追尋真正重要的目標。由於內心起了懷疑，你會阻止自己去冒險。

我把負面的自我評價和嚴厲的自我評判，看成是一種手腕很高、破壞性強大的摧毀策略，讓我們中斷或轉移這八種不舒服的情緒。有研究人員把這樣的做法描述為一種安全和自我保護的策略[18]。雖然聽起來有點奇怪，但嚴厲的自我評判確實可以保護你不受其他人的批判和惡意評價，但它同時也會使你無法在別人面前或真實的生活中充分表達自己。

【練習】終結嚴厲的自我評判

你能做些什麼，讓自己停止嚴厲的自我評判呢？

1. 你可以更有意識地覺察對自己的批評及負面的自我對話。你必須明白，每次當你用消極、負面的方式與自己對話，就是在透過嚴厲的自我評判來切斷或轉移痛苦或不舒服的情緒。

2. 當你意識到自己正在嚴厲批評自己時，把它當成一種信號：現在有某種難以被理解或難以承受的不舒服情緒，正試著要讓你看見。

3. 問問自己：「**現在有什麼感受是我不願知道或難以承受的呢？**」邀請它、認可它，讓它完整地進入你有意識的覺知中。

4. 讓你痛苦的感受出現時，請做幾次緩慢的深呼吸，讓自

己好好度過九十秒的情緒浪潮。

5. 當你安然度過不舒服的情緒後，請注意是否有新的見解
   出現（例如，你明白自己正在生氣，而你需要把這股怒
   氣表達出來，才能解決當下的衝突）。

6. 運用獲得的新見解來做選擇和決定，去充分表達自己或
   採取行動。

7. 對自己更和善、更慈悲 [19]。

8. 問問自己：「我能從當下的經驗學到什麼？」這麼做可
   以讓你對當下的體驗有更多理解。

這些苛刻的批評不是你的真實感受

　　先前我曾提到，你在話語中選用什麼詞彙非常重要。由於
這和本章討論的嚴厲自我評判有關，所以在此我特別再次釐清
那些經常被誤認為是「感受」的字眼，尤其是「我能力不足」、
「我不值得」、「沒有資格」、「我不配」、「愚蠢」，或人
們經常用來描述感受的其他字眼。

　　值得注意的是，這些形容詞都不是用來描述一個人的感
受，而是一種評估、比較或評斷。當我們在評估、比較或評斷
時，我們用的是思考，而不是感受。如果你正在使用這些字
眼，結果很可能是你自以為描述的是內心的感受，但事實上，

你只是在進行嚴厲的自我評判，最後只會讓自己感覺更糟糕。

好好想想這些用語的背後可能藏著哪些不舒服的情緒，例如「愚蠢」和「醜陋」可能藏著難堪和羞愧；「能力不足」可能意味著難堪、羞愧、失望及無助。

「不配」、「不值得」和「沒有資格」的分量更是不同，甚至還帶有更嚴重的暗示——這些評價性的字眼，似乎是在質疑（或直接指稱）你不配得到好事、好運或好東西，或者更極端的說法是：你不配活在這個世界上。

這些用語也經常與羞恥感或自認為能力不足、有缺陷、不完整、不完美等信念牽扯在一起。這種思考模式是全人類一個共通的傾向 [20]。我們知道，這樣的信念通常源自於童年經驗，並且和過去的創傷有關。在本書第 8 章，我會提出一個可以處理這類問題的架構來供你參考。

如果你有以上的這些信念之一，可以好好想想：

◆ 一開始出現這樣的想法是什麼時候？

◆ 是誰對你說了這些話？

◆ 現在你的腦袋中是誰在對你說著這些話？

◆ 這些信念和八種不舒服情緒中的哪些情緒有關？

◆ 這些信念是否阻礙了你繼續往前邁進？

如果這些信念長期以來一直都很活躍，我們可以把它們看成是干擾因素，讓你與真實的情緒中斷連結、深陷在過去，以及無法開創你想要的生活。

我再補充一個想法。生而為人，我不認為我們有權決定自己是否有價值。僅僅是好好活著，就已經說明了我們是有價值的、有資格的。我希望你能好好想一想這個可能性。

我衷心地希望你與自己能夠發展出不一樣的新關係，並邀請你成為自己最好的朋友。負面思維、認知扭曲、擔心他人的看法、錯誤的情緒算式和嚴厲的自我評判，都會讓你遠離上述目標，並且和真正的自己漸行漸遠，終成陌路。

或許你沒有意願去處理這些想法，但我必須說，持續去識別並修正你的負面想法、認知扭曲及錯誤的情緒算式，並且讓自己回到由內向外的思考方式、停止讓嚴厲的自我評判不斷帶來傷害，才有可能在你跟自己之間建立一種充滿愛的正面關係。

清除這些思維上的挑戰，將會為你開展一個空間，讓你重新連結上自己的真實情緒。你所需要的就是一個決定，也就是願意去經歷並駕馭不舒服的情緒浪潮，然後你就能徹底地改變你和這個世界的關係。

第三部

啟動人生更新

以開放和好奇的人類天性去重新認識生命，永遠對
變化抱持著尊敬和覺知，同時致力於發展能幫你應
對並有效管理生活變遷所需要的資源。

BENEFITS

第 7 章

說出真實的心聲

　　有多少次別人要求我們把話說出來，無論是在衝突的情況下，或是在表達感謝的情況下？把話說出來固然重要，但說出自己的真實心聲，真的有必要嗎？說不說，又有什麼區別呢？

　　在想要的時間和地點，面對著想要說的人，自在地說出自己的想法，需要你主動選擇去使用自己的發言權，這也意味著你要心口如一地說真話。毫無疑問的，自在表達心聲的能力，是發展情緒力量、堅定的信心、高度的自尊以及整體幸福感的最重要因素之一。當你能在當下說出自己的心聲，面對生命困境時，你的情緒性反應就會少一些。同樣的，做一個好的傾聽者，也能幫你加深和身邊每個人的連結——尤其是生命中那些重要的人，包括家人、夥伴、伴侶、孩子、導師、同事、上司，以及親密的友人。

　　一般來說，語言能力和大腦的左半球有關，它讓你能夠用語言來表達你的體驗，而體驗則跟大腦的右半球有關。當左右腦以這樣的方式互動時，大腦會變得更加協調、完整[1]。因此，

一旦經驗與感受都化為文字、語言，無論是發生在你的腦袋裡、寫下來或是說出口，都能幫助你更有效處理自己的情緒。此外，丹尼爾‧席格博士也提到，左右腦的整合能促進情緒健康和幸福感，所帶來的結果會讓你感覺更平和、情緒更有彈性、更善良，以及更慈悲[2]。

話語與心智連結在一起，你說的話、寫的文字都是在跟你的內心世界交流，這包括想法、感受、意見、信念、記憶、感知、需求、欲望和感覺。這也是我希望你能夠做到的：思考→然後自在地透過文字語言表達出來，別讓想法只是停留在你的腦袋裡。所有你在意的人，也會因為你這麼做而受惠。

或許對你來說，自我表達不是一件難事。如果是這樣，那就太好了。但你也可能不愛說話，因為有人曾經告訴你：「你說的話都沒什麼用，一開口就顯得很笨。你只要安安靜靜地待著就好了。」你還可能這樣想：「誰會想聽我說話？我的話有什麼價值？在這些對話中，我哪可能有任何建樹？」諷刺的是，你根本不知道真正的答案為何，因為你從來沒有和其他人分享過關於自己的事。或許對你來說，有些很重要的事未曾得到多少好的回應，但那是因為只有很少人或甚至沒有人有機會去了解你或回應你的經歷。

你可能會認為，分享與否似乎沒有那麼重要。畢竟那是「你」自己的生活，說不說又有什麼區別呢？然而，一旦你這

麼想，就等於是在看輕自身經驗的重要性與影響力。重要的一點是：如果對你來說很重要的事，對其他人來說應該也會很重要。除非你敞開心扉，否則永遠不知道什麼會觸動及影響他人。

> 除非你敞開心扉，否則永遠不知道
> 什麼會觸動及影響他人。

　　蕾妮就是一個這樣的例子。蕾妮是我諮商技巧實習課程班的學生，這是她研究所的必修課程之一。蕾妮比我大了近二十歲，為了成為專業諮商師而重返校園，因為年齡經常被誤認為教授，除了一個明顯的問題：蕾妮在班上很少說話，就算開口，聲音也小得幾乎聽不見。

　　在我們進行一對一督導時也一樣。我們所在的房間不大，而且還面對面坐著，但我仍然需要把身體靠向她，才聽得到她說話的聲音。要是她連說話聲都讓人聽不見，要怎麼幫助諮商的個案呢？

　　見面幾次後，我問她：「有人說過妳的音量太小嗎？」

　　「沒有，我已經這樣說話很久了。」她細聲細氣地回答。接著她說：「我只是覺得，反正我說什麼也沒有那麼重要。」

　　我向蕾妮解釋，把話說出來有多麼重要，以及這麼做對她想要幫助的人會帶來什麼不同的感受。把話說出來不只是講話

大聲，而是意味著要讓別人聽見她的想法和感受。

後來，蕾妮在和我見面時，會盡可能放大自己的聲音。一開始，我們先進行了一個簡單的練習，我將這個練習稱為「調高想法的音量」。就像其他嘗試過這個練習的學生及個案一樣，蕾妮也有同樣的反應：她告訴我她不知道要說什麼。

我不接受這樣的說法，因為根據我的經驗，大多數的人都有些想法及心裡話想要說。我們的腦袋裡每時每刻都有無數的念頭閃過，就像是一檔專屬於自己的廣播節目一樣。我們可能會聽到歌曲的片段、對所見所聞做出評論，或是重播過去發生的爭執場面——以上只是其中幾個例子而已。習慣把想法藏起來的人大有人在，因為「想好了再說」的觀念已經根深柢固了。問題在於，我們停在了「想」，卻沒有接著「說出來」！

「妳可以把想法想像成一首歌。現在，妳戴上耳機，只有妳能聽到這些歌曲。」我這樣建議蕾妮：「現在，請分享這個想法之『歌』，把音響打開、音量調高，和其他人分享妳正在聽的『音樂』。」

在我的鼓舞下，蕾妮答應改變自己的音量，並在課堂上多多發言。她還多跨出了一步，勇敢地請同學在她說話聲音太小或聽不見她聲音時，要讓她知道。同學們都同意了，並且也讓她知道，用合適的音量來表達自己，可以讓聽的人更有效接收。

不到六週，蕾妮的聲音聽起來就像變了一個人。事實上，

她的表現也不一樣了。她會和同學分享新的發現，包括以前那個噤口不言的自己，其實是一個更大的生命模式的一部分。到了學期末，她說：「我的字一直很潦草。但現在我發現，字寫不好其實是考試成績不好的藉口。我已經改善了寫字的問題，並為爭取更好的成績負起責任。我在教會裡彈管風琴，經常會跳過最難的和弦段落；但現在的我只會盡我所能地去做好，不再逃避了。我也發現，當我能更自信地說話後，改變了我和家人的關係，讓我們更親密了。」

【練習】調高想法的音量

1. 意識到自己在想什麼，卻不願與人分享。
2. 把這些想法想成歌曲。
3. 你不需要說出來，就像戴耳機聽音樂一樣，只有你能聽到這些歌曲。
4. 想要分享你的想法之「歌」時，可以插上音響、調高音量，把這些「歌曲」（你的念頭）和別人分享。

---

* 在我的網站 www.DrJoanRosenberg.com/resources90/ 還有更多的表格、引導式練習與相關資源。

根據多年的臨床經驗，我發現想培養自信心、情緒復原力，做個名實相副的人，唯一最重要且必須做到的事，就是說真話。一旦你這麼做，帶來的改變將會非常深遠——你的大腦會更健康、你會更自信、擁有更親密的人際關係、更能影響他人，而且你提出的要求或說出的話還可能為你創造出無限的機會。然而，要是你無法把這些話說出口，就很難想像可以出現這些新的可能性。

> 想培養自信心、情緒復原力，
> 做個名實相副的人，唯一最重要
> 且必須做到的事，就是說真話。

被困住的內在感受

三十四歲的莫娜和男友提姆的關係正陷入膠著，莫娜想了一些應對的策略才能撐過兩人之間那些緊張的時刻。問題的癥結在於，對莫娜來說，要說出自己的心聲讓她感到非常不舒服。通常她的做法是完全閉口不談，或者是對提姆提出問題來轉移話題，而不是老實說出心裡想說的話。她不相信自己的重要性，可以大到能夠毫不介意地說出內心的憂慮。這兩種回應

方式都讓提姆深感不解和沮喪，而當這些策略不再發揮效果時，莫娜開始擔心這段關係再也撐不下去。

　　莫娜不想冒險說出自己的真實感受和渴望，她既害怕因此被提姆傷害，也害怕會傷害提姆。於是，她說話時總是字斟句酌。要她輕鬆、隨意地說出心裡的話，似乎是一個遙不可及的目標。她希望提姆擁有「讀心術」，可以看穿她真正想要的是什麼。由於莫娜不肯把她體驗到的真實感受說出口，就等於把創造及維持一段互相關懷、彼此愛戀的關係所需要的想法和感受，都排除在外了。

　　我看到很多女人會把自己的想法變成問句，而不是直接說出口。例如，莫娜會問：「提姆，你下週末想去傑克和狄娜家烤肉嗎？」或是：「提姆，你覺得我們要買什麼送給你姪兒當結婚禮物？」但其實，莫娜的心中早就拿定主意了，知道自己想做什麼、想買什麼。當你明知道自己想要什麼，卻用問句來替代時，就會造成誤會或甚至引起不必要的爭執。

　　對於聽者來說（尤其是男人），會感到非常困惑，因為男人通常更喜歡直來直往的表達方式。雖然比起提出問題，直接說出心裡的話會讓你感到脆弱，但如果你在親密關係中不說真話，就等於沒有把真正的自己放進這段關係裡，那麼你的內心一定會不踏實，或是覺得不完整。當你調整這種情形後，你會更舒坦自在地做自己。說真話，不僅會對你自己產生正面的影

響，也會在人際關係中體驗到深刻的轉變。

　　後來，莫娜慢慢讓提姆了解她的想法和感受。在我們最後一次諮商治療時，她告訴我：「當我了解到可以說出自己的真實想法時，內心裡有某個東西消散了。我明顯感覺到整個人更輕鬆、更專注，也更有力量。提姆說他從來不知道我的真實感受是什麼，也不知道他對我造成了這麼大的影響。說真話，讓我們的連結加深了，雖然我們還是會吵架，但現在我不會再有被困住的感覺了。」

　　對過去的莫娜來說，會覺得說真話的風險太大，所以乾脆不說。結果反而讓兩人的關係變得糾結，相處起來少了坦蕩及自在，也缺乏真情實感的交流。像這樣的情況，夢娜不是特例。

　　由於很多人都把說真話視為畏途，所以通常會試著說服自己：「我確實是這麼相信的，才會把這樣的話說出口。」雖然明明知道這不是事實。那麼，我們該如何分辨什麼時候我們說的是真話，而不是違心之論，或甚至壓抑著不說呢？

> 如果知道自己想說什麼，
> 試著直接說出來，而不是用問題取代。

黃金十七項：沒有說真話的十七個跡象

透過這個我稱之為「黃金十七項」（The Prime 17™）的表單，你就能一邊自我檢視一邊回答「我是否說真話」的問題。不管你怎麼告訴自己，看完這十七個跡象，就可以知道你是否說出內心的真實想法。我鼓勵你熟讀這份表單，最好能熟悉到一出現任何相關跡象就能馬上識別出來。你可以把這些條目看成是儀表板上的警示燈，一看見亮燈了，就要趕緊檢視當下的情況，看看你的感受與你說出的話有哪裡脫節或不一致。在以下條目中，把那些符合你情況的號碼圈起來。

1. 你覺得被困住了。
2. 你覺得自己總是在壓抑內心的想法和感受。
3. 在群聊時，你一直默不作聲，似乎很少人注意到你。
4. 你對自己的意見沒有把握。
5. 你經常把「我不知道」、「我很困惑」、「沒事，我很好」、「我不在乎」、「沒關係」、「我很好／一切都好」或「你決定就好」這一類的話掛嘴邊，好讓你不需要做出真實的反應，也不需要承擔責任。
6. 在職場、校園或社交場合中，儘管你有很多話想說，卻

會壓抑自己加入討論。

7. 你不會跟其他人分享對你來說很重要的事。

8. 你認為人們不會重視你說的話。

9. 你擔心人們會嘲笑你、覺得你很笨、評斷你、譏諷你或排擠你。

10. 你說話時,心跳會加速、體溫會升高,手心可能會冒汗,並且(或者)會因為尷尬而面紅耳赤。

11. 你聽到腦袋裡有聲音在吶喊,但你沒有把這樣的想法或感受說出口。

12. 你最親近的人也不知道你的真實感受,甚至包括在你失望、驕傲或興奮的時候。

13. 正在談戀愛的你,會為了「保護」你的伴侶和這段關係,而選擇不說出自己的真實感受。

14. 你不會向家人或朋友求助。

15. 即使你很清楚自己的想法、感受、需求或渴望,你還是會用問句來表達,而不是直接說出來。

16. 你和自己的感受中斷連結,因此無法將感受表達出來。

17. 當別人說你很棒、很酷、很整潔、很貼心、很特別(或更多的形容詞)時,你會在心裡告訴自己:「是啊,但等到你認識真正的我,就不會這樣說了。」

　　我把最後一點稱為「復活節的巧克力兔情結」。復活節的巧克力兔，外表看起來非常誘人，但裡面卻是空心的。這就是你不說實話時，可能出現的感受。不管你收到多少讚美、多麼努力工作，或如何討好他人，都無法填滿那種空虛感，因為你知道真實的你並沒有被表達出來。這樣的你，只是你自己的巧克力外殼。

　　「復活節的巧克力兔情結」或許還會讓你想起另一個類似的情結——冒名頂替症候群（Impostor Syndrome）。這樣的人會經常懷疑自己，抱持著極大的不安全感，害怕自己被視為虛有其表的騙子、冒牌貨，即使有許多證據證明不是如此，而且也確實有許多傲人的成就[3]。當一個人沒有意願或根本拒絕說出心裡的話，就會導致冒名頂替症候群。

　　接下來，我們要培養的是你的表達能力，幫助你成為一個更真實、更完整的人，在他人稱讚你時，能夠意識到自己的深度和內涵。用一個比喻來形容的話，就是你會成為一個實心的復活節兔，這也意味著，你有能力在必要時和別人正面交鋒。不過首先，你需要誠實地檢視是什麼在扯你的後腿、阻礙你？

害怕失去，所以不敢說真話

　　你可能擔心，如果說出真實的感受，別人會以各種不利於

彼此關係的方式來回應你。比如說，他們可能因為你表達出「不好」的真實情緒，因此會從負面角度來看待你，覺得你是一個「壞」人、感覺被你傷害了，或是不再那麼喜歡你、想要離開你。或者你害怕說出真話後，會被視為冒牌貨、騙子或無知的人，然後被踢出某個重要的圈子、團隊，或是丟掉工作、失去專業的地位。或許你只是不確定應該說什麼、害怕被評斷，或是覺得自己的話完全不重要。一旦你預期到說真話可能會失去什麼（例如感情、與其他人的連結、某種地位或資格、聲譽、位階、名望、金錢、尊敬或機會），這種預期心理就可能成為你與他人真誠交談的阻礙。然而，如果你知道自己有能力去體驗並度過八種不舒服的情緒，就能用有效的方式說話，同時處理好任何可能的損失。

☖ 善意的真實表達

我來澄清幾個錯誤的觀念。你和你說的話都很重要，當你真的說出口，就會從別人的反應明白說話真的很重要。有「不好的」（難受的）情緒並不等於你是不好的，它們就只是一些不舒服的感受罷了。當你帶著真心、用和善的態度，出自好意和好奇去表達你的想法和感受時，通常會拉近人們跟你的距

離，而不是把他們推得更遠。或許你會想，你必須先了解自己，並在開口說話前有充分的資訊，但不必然如此。你會有這樣的想法，通常都跟不想暴露自己的脆弱、無助或難堪有關。

你不用完全了解自己後，才能表達立場；也未必一定要很有自信，才能為自己發聲。相反的，你只是透過表達來更深入地發現自己的真實樣子；而且經常表達，有助於培養自信心。可惜的是，大多數的人都不明白這些道理。

那麼，擔心「一旦說出真實的想法，別人就會離開我」的感覺，又怎麼說呢？殘酷的事實是，總是說違心話的你，才是讓你遠離真實自我的人。

當你悶不吭聲時，就等於切斷你和內在自我的連結，並成為一個很少有情緒起伏的人。你會活在失望中，從而以嚴厲的自我評判或自我打擊等方式來表現，我們在上一章已談過這一點。把心裡的話說出來，是解決問題的方法之一。此外，如果你不說出心裡真正的想法，就很難做到真誠，也很難成為自己最好的朋友，更不用說去體會那種沒有互相猜疑的深厚友情，包括別人對你的讚美。當你坦誠說出你的看法，就表示你沒有偏離事實，也一直貼近自己的情緒，沒有被對自己的失望或憤怒占據，也不會因為沒有把話說出口，而把對他人的怨恨和痛苦積壓在心中。

表達自己的能力，與從內向外的思考角度有關。如同我先

前提到的，表達自己也包括和他人交流你的個人體驗（你的想法、感受、需求、渴望或感知），並同時考慮到其他人的需求和權益。從外向內的思考角度（擔心其他人對你的想法、擔心自己表現得很脆弱無助），則會造成心理障礙，讓你無法自在地表達。

當你想說什麼就說、想對誰說、什麼時候說都能自由決定時，你會有一種解放、獲得自由的感覺。而且，因為你說的是自己早就清楚的想法或感受，因此不需要再三思考或斟酌該怎麼說出口。當你能把話說得很順口，會讓你更有自信、更有效率，以及更自然地開口表達。帶著明確的意圖去使用你的話語，能幫助你更了解自己，以及成為你本該成為的人。

為了把你覺知到的說出口，你必須選擇去感受一種（或多種）不舒服情緒的九十秒情緒浪潮。當你能夠有效地容忍並度過這些不舒服的情緒，並在過程中選擇說出真實的感受，這樣的你已經把羅森伯格情緒更新技巧融入每天的生活了。

「妳不知道我媽有多恐怖，」四十一歲的高中老師凱特告訴我。「她簡直就是嚴厲界的黑帶選手，都可以開辦殘酷大師訓練營了！我都叫她『挖苦界的大師』，只要她一開炮，我整個人都傻了，嚇得不敢回嘴。我該怎麼做呢？」

理想的情況下，當你和他人對話時，首先最重要的一點是，把你的意圖和努力放進清晰、友善和真誠的溝通中；第二

件重要的事，是把你的意圖和力氣用來理解他人的觀點，這樣你們才能建立更深的連結。要擁有一段健康的關係，兩個人必須站在同一陣營，而不是站在經常對抗、爭吵的對立方。如果你認為這段關係是對立的或有爭議的，你們之間的交流就只會淪為誰對誰錯、誰應該被怪罪的爭執。於是最後，兩人之間的對話就會變成「誰輸誰贏」的局面。

　　不可否認的，當你的談話對象刻意地把狀況引導到爭執局面，要試著讓彼此站在同一陣營，達到最好的溝通效果（更多的了解與連結）會是一大挑戰。別人說的話可能會讓我們受傷，家人、朋友和同事也可能會用我們說過的話來攻擊我們。實際來說，當我們無法以牙還牙時，感覺確實會變得更糟糕。

　　然而，雖然針對我們和攻擊我們的話語，確實很傷人，但不可否認的是，話語也可以為我們所用。把真實的想法和感受說出來，可以保護我們不受心智、情緒或身體上的無謂痛苦。甚至在教導自我防衛的課程裡，言語也是保護自己的策略之一，可以避免、降低或終止傷害行為。因此，學會如何回應是非常重要的事。為自己發聲不應該帶有任何惡意、殘忍或仇恨的目的，除非你面臨真正的危險或生命受到威脅。與他人對話時，重點在於說真話時要帶著善意。

　　帶著善意的真話，指的是那些用溫暖、關懷和真誠的態度傳達出來能讓彼此變得更好的話語。這樣的真話，能在彼此內

心引發共鳴。當你把自己覺知到並認可為真的事告訴給對方知道，你會感到更平靜、更強大，也更有自信。雖然有時候說真話可能會讓你惴惴不安，但只要你傳達的是真摯且善意的事實，或聽到他人傳達的是這樣的真話，你就會感覺更通透、更明事理。

凱特一直猶豫著是否要站出來反抗她的母親，阻止她殘忍的言論。最後，她安排了一次與母親的對話。她告訴我：「我告訴我媽，她說的話有多麼不近人情、多麼傷人。不過，我不知道她聽進去了多少，或者會不會改變。但把這些話說出去後，我就覺得自己更強大了，對自己的感覺也更好了。」

凱特意識到，真實地表達自己的想法、感受和需求，以及擁有應對他人反應的能力，就是在為自己建立自信與情緒力量。當她感覺到能夠充分體驗自己的情緒，並誠實地表達之後，突然有了勇氣去捍衛自己和自己的觀點，為自己發聲。

> 真實地表達自己的想法、感受和需求，以及擁有應對他人反應的能力，就是在為自己建立自信與情緒力量。

經常有人問我，一開始要如何說真話。想聽聽我的建議嗎？首先，你的態度要慎重其事，並帶著積極、善意及良好的意圖。說真話不是讓你用來傷人或折磨人的藉口，雖然你可能

需要一些停頓的時間（想清楚再說出口），但最終你仍然需要表達自己。你要牢記九十秒情緒浪潮，如果你真的很生氣或心煩意亂，那就等到情緒浪潮平息下來後，強度沒有那麼激烈時再開口說話。只要不是遇到危險或威脅，我們的目標都是尊重對方；也因此，在你所能做到的程度上，盡量去維護對方的情緒完整性和感受。這不是要求你去為他人負責，而是你需要為對待他人的方式負責。

> 開口說話前，先讓你的話語經過這三道門：
> 它是真的嗎？它是必要的嗎？它是友善的嗎？
> ——詩人魯米（Rumi）

說真話能讓你的體驗變得更清晰、更真實，請意識到這一點。事實上，一旦你開口為自己發聲，那些你試著隱藏起來的感受會很快浮現出來。現在，你已經知道當情緒生起時應該怎麼做了：駕馭情緒浪潮，去體驗自己的真實感受，然後再勇敢說出來。

如果你的想法和感受已經深埋了很長一段時間，你可以採用以下的立場來與對方互動：用正面、和善及帶著好意的聲音來表達自己，並把這視為對話的首要目標。說出自己的想法會帶來改變，但結果未必和你所預期的一樣。

人們被鼓勵要透過開口要求的方式去得到想要的東西，或從他人身上獲得具體回應。雖然聽來有點奇怪，但透過對話去得到想要的回應只是一個附加的好處，並不是真正的目標。當你能夠表達自己真實的想法、感受和觀點，不會感到焦慮或彆扭，在這樣的過程中你將會培養出一個真實的自己，這才是對話的真正目標。生而為人，個人的成長與進化才是你所有努力的根本。

> 在對話過程中你會成為什麼樣的人，
>
> 這才是為自己發聲的真正目的。

能夠幫你建立自信、情緒力量及活出真實自我的，是勇於表達個人想法、感受、需求和感知的能力，以及能夠應對任何回應的能力，而不是你的要求都可以得到回應的能力。大多數的人都以為，是對方的回應為我們帶來改變，但事實上，是你表達自己的能力，以及當對方的回應不如自己所願時的處理能力，讓你變得更強大、情緒更有韌性。當你因為對方的回應而感到不舒服時，不論是失望或憤怒，能夠有效且成熟地處理好隨之生起的這八種不舒服情緒，會幫你建立情緒力量，並讓你知道自己有能力做到。

溝通所帶來的情緒浪潮

　　為了能和他人更自在溝通及對話，你必須能夠掌控一來一往的言語交流，尤其是對話內容牽涉到衝突或感情時。這個道理看似淺顯易懂，但在這兩種情境下，有時還是會出現一些無意識或下意識的對話。

　　在任何情況下，你都可以選擇表達或保持沉默。但就像我先前所說的，當你選擇把心裡的話說出來，感受會變得更加真實，不管是對你或對他人都是如此。如果你很難開口，或者很難說得自在，可能有兩個原因：其一，你不說是因為不想承認你已經知道的事；其二，你想轉移讓自己不舒服的情緒或感受。難以說出口，其實是因為無法坦然去感受，當你越是能夠自在地體驗並度過這八種不舒服的情緒，就越有可能選擇把話說出口。

　　記住，你需要駕馭一個（或多個）九十秒的情緒浪潮，才能充分體驗你的感受。如果你習慣轉移注意力，不去了解、接近並體驗自己的感受，你很有可能會拒絕展開對話。一旦你開了口，就代表你有意願去體驗情緒本身的不舒服，以及身體因為情緒而引發的種種不適。

　　更深入來說，當你選擇把話說出口，就必須面對自己正在經歷的所有真實體驗，並且願意去經歷這八種不舒服的情緒。

假設你能夠處理好情緒帶來的不舒服（也就是那些幫助你了解內心感受的身體反應），並且選擇表達自己，那麼對方就必須回應你所說的話。就像你一樣，他（或她）也要面對自己正在經歷的所有真實體驗，才能如實表達自己。

接著，你需要去傾聽對方說的話。而這意味著，你必須能夠忍受對方的不舒服情緒（八種不舒服情緒的一種或多種）。如果有必要，可以使用九十秒情緒浪潮的技巧，來處理你因為對方的回答而生起的情緒反應。這麼做可以讓你穩住陣腳、沉著應對，而不是被對方的情緒淹沒。接著，輪到你回應對方的說法。這就是你如何成功地透過對話及談判，來表達真實感受的方法。你不僅要容忍自己的不舒服情緒，同時也要容忍對方的不適情緒。在一來一往的對話過程中，你必須全程做出適當的回應。

只要你能做到，就會發生神奇的事：你將會更有能力去面對衝突或不安的情況。你也可以運用這些技巧來推動生活（例如：「我希望能被列在升職或加薪的名單中」、「我有一個夢想，很想聽聽你的想法，也想獲得你的支持」），或者促進親密關係（例如把「我喜歡你」、「我想多花點時間了解你」、「我愛你」說出口）。你會更有安全感，因為你知道自己擁有駕馭情緒和溝通的技巧，能夠讓你的人生更順遂。

為自己發聲的關鍵

溝通和延續對話的關鍵，在於全然接受你所有的真實感受，無論是愉快或不舒服的感受。如此一來，你才能同時去接受對方可能出現的同樣情緒。

如何面對困難的對話？

把要說的話寫下來是一種有效的方法，可以讓你更清楚了解自己的想法和感受。如果你不習慣把心裡的話說出來，或是對將要說的話有顧慮，可以簡單寫下你想透過對話表達的幾個重點，然後把筆記帶在身上。讓對方知道這次的對話對你有多重要，同時解釋帶著這份筆記是為了提醒自己。你會發現，人們通常都不會介意這樣的對話方式。

當你把最在意的部分寫下來後，就能開始為面對面的對話做更好的準備。不要忘了羅森伯格情緒更新技巧的通則：一個選擇＋八種情緒＋九十秒。如果你有意願去駕馭這八種不舒服的情緒，就請下定決心與真實的自己保持連結，把心裡的話說出來（例如單純描述你的觀察，或者處理長期存在的不舒服情緒，或是開門見山地提起你不喜歡的某件事）。把心裡的話說

出來，可以視為發展自信心的一個轉捩點。不過，這絕非一蹴可成的事，而是像其他技能一樣，需要不斷地練習、再練習。

　　對話時請提醒自己，無論結果如何，你都有能力應對。抱持希望，樂觀地期待最好的結果。萬一對話進行得不順利，你也要有心理準備去度過這八種不舒服情緒的浪潮。

對話前的準備

◆ 你想傳達什麼訊息？

◆ 對你來說什麼事最重要？對方最想聽到的是什麼？

◆ 這次對話的最理想結果是什麼？

◆ 就現實來說，你可以期待什麼？

◆ 你最可能得到的回應是什麼？

先發制人法

　　記住，在進行任何緊張的對話時，都要抱有良好的意圖和善意。放慢語速，把所有難以啟齒的話都用溫和、委婉的語氣包覆起來，不要使用太強烈的字眼，可以把聲音放低一點。注

意你的語調和語氣。以下是處理這類對話的建議方式：

1. 承認你提起這個困難的話題，是因為你不希望情況繼續惡化，而使得兩人之間的關係變得緊張，也希望能修復兩人日漸疏遠的感情。

2. 承認你還是關心對方或仍然愛著對方。如果對方是你不認識的人，尤其是客服方面的互動，你可以傳達你的憤怒、沮喪和困擾，並同時說明這樣的不舒服不是對方造成的（如果這是真的）。即便你們兩人素昧平生，在表達挫折感的同時，要帶著同理心溝通。最後就算你不喜歡事情的走向或結果，也不要撕破臉或詆毀對方，全程都要顧及雙方的尊嚴。

3. 承認你會擔心或介意對方的反應（例如取笑你、開你玩笑、忽略或無視你最在意的事，或是直接走開）。有許多原因讓你沒能早點開口，先把這些疑慮提出來，再去說你最在意或最關心的事。當你用這種開放的方式，先發制人地討論讓你不敢訴說的原因，對方會更認真聽你想說的話，也比較不會做出傷人的舉動。

以下是一個簡單的草稿範例，或許可以幫助你整理思緒：

　　（人名），有件事我放在心裡很久了，我以為自己可以想通，但我發現，把這些感覺藏著不說，只會讓我們日漸疏遠，我不想這樣繼續下去。我愛你，我很高興現在我們可以坐下來談談。我希望我們的關係可以更親密，我以前不說，是因為我擔心說出來你可能也不會在意，或是覺得沒什麼大不了的。但這對我來說很重要，我希望你能明白這一點。

　　想像一下，如果你的伴侶或好友這樣對你說，難道你不會更想認真去聽聽對方想說什麼，並好好地回應嗎？

　　如果你的感覺是生氣、受傷或沮喪，請把這些感覺說出來，而不要用行為發洩。用大吼大叫的方式來表達憤怒與沮喪，不是有效的溝通方式。或許你會想提高音量來讓對方跟你感同身受，彷彿說話大聲就能讓其他人更容易聽見或理解你的心聲一樣。但請回想一下，上一次有人對你提高嗓門說話的經驗，或者想想你之前試圖用尖叫或大聲說話來溝通的情形……後來的結果如何？

　　結果就是，對方會把更多的注意力放在你的情緒或怒火上，而不是你想要傳達的訊息。你說得越大聲，對方就越沒有安全感。這麼一來，他就更不可能與你想傳達的話產生連結。先放下你的怒火、平息一下情緒，在度過開頭的九十秒情緒浪

潮之後，再盡你所能地用平靜的方式把想說的話表達出來。如果讓情緒持續上升，也會帶動對方跟你做出一樣的回應。把你的意思說出來，而不是用行動去表現。

筆記 8：先發制人法

　　你是否有一個不敢、不願或拒絕與之對話的人？請試著用上述先發制人法的腳本當範例，花點時間想想，如果你在接下來幾天打算跟對方聊聊，你會如何展開你的對話？把你的開場白寫下來。

小心那些會妨礙對話進行的「暗礁」

　　當你與他人互動時，你的注意力應該都會放在對話的遣辭用句、內容、問題及話題上面。然而，人們經常會忽略的一點是：你們是如何互動的？你和他人的互動方式，才是這段關係是否精彩豐富、是否更深入親密的關鍵。通常，是互動方式在影響你，而不是對方實際上說了什麼。只要想想過往的經驗，你就能明白：對方翻了個白眼、嘆了口氣，或語帶嘲諷，甚至直接嘲笑你，你有什麼感覺？像這一類的反應，都會對任何一種關係造成很大的潛在傷害。這些被忽視的、惡意的，甚至是輕蔑的反應，通常會令人憤怒，或甚至讓人產生退縮、打消繼

續溝通的念頭。因此,你不僅要學會如何說出想說的話,還要學會如何傳達。把這當作是你每天和他人透過對話互動的練習,尤其是那些跟你關係親近的人。

挖苦是錯誤的溝通工具

挖苦、諷刺的表達方式傳達出好幾種訊息。基本上,挖苦可以分為兩種:一種是用戲謔及輕浮的態度來掩飾自己的脆弱與尷尬,另一種則是為了掩蓋憤怒、挫折、悲傷或失望。對於第一種情況,你要做的是敞開心更直接、更清楚地表達你的關懷。至於第二種情況,你可以更開放、更直接、更誠實地說出讓你生氣或不舒服的感覺。有話直說,才能讓對方知道你真正的意思。

正面交鋒,衝突是很自然的事

正面交鋒是一種獨特的表達技巧,也是大多數人不願意或覺得很難掌握的技巧。不願意與他人正面交鋒,原因通常是:「噢……我說不出口」、「我真的不知道怎麼說」、「我不想提那些讓我難過的事」,或是「我不想傷害對方」。

生活中,難免出現不愉快的對話、不舒服的事件,也會遇到挑戰或令人心煩意亂的情況。爭執隨時都可能冒出來,可能

是家族聚會時親友偏激的言論，或是在職場上爭取升遷或加薪時；也可能是有個很難相處的同事、在客服時碰上難搞的客人，或是在停車場意外發生擦撞。

衝突是日常生活中很正常的一部分，而正面交鋒的能力則是一種生活技能。這會讓你感覺更有自信、更有能力，也更有力量。然而，比起自信和力量，衝突更多時候只會讓你經歷到更高漲的情緒，以及帶有傷害性的激動爭論或過激的行為。

轉換一下你的視角。把正面交鋒簡單想成是對另一方描述你的觀察或感受，這種對話可能需要徹底展現你的同理心，發揮你的共情能力。

【練習】勾選確認表：在正面交鋒之前

◆ 帶著好意及善意出發。

◆ 抱持同理心，讓正面交鋒不至於出現激烈的場面。

◆ 保持冷靜，有話直說，不拐彎抹角、不含沙射影，也不需要大小聲（當你用這樣的方式互動，就可以把需要說和想要說的話都表達清楚，同時也不會把場面弄僵或搞到難以收場）。

◆ 只要把你觀察到的說出來就行。

◆ 主動控制場面及承擔責任。描述自己的經驗及感受時，
請用「我」來開頭而不是用「你」。例如，你要說「我
很生氣」，而不是「你讓我很生氣」。

◆ 除了談及你在意及關心的話題之外，也談談你在雙方對
話過程中所觀察到的行為、想法、感覺、意義、矛盾、
不一致或混亂的訊息。

◆ 也和對方談談他回應你的方式，例如翻白眼、背對著
你，或用生氣、挖苦或陰陽怪氣的語氣說話等。

如果你一開始就氣沖沖或用過度反應的方式來說話，不僅
你想要傳達的訊息很難被聽到，你也可能很難掌握這次對話的
走向。就像我先前所說的，當你一開口就非常情緒化時，別人
就很難把注意力放在你要傳達的訊息上，也就不可能把當下的
問題好好釐清。

相反的，當你溫柔而堅定地描述你的觀察時，言語中就不
會帶有大量的情緒性字眼。找個適當時機，坐下來好好談談相
關的問題，最好也討論一下雙方的表達方式。如此一來，你們
的關係將會變得更好、更穩定、更深入。

當人們有安全感，並且感受到真心的合作與善意時，就能
夠開誠布公地分享與傾聽。說真話會從內心產生共鳴，非但不

會使人不安，反而會更平靜。把心裡真正想說的話說出來，通常會覺得鬆了一口氣，整個人會變得更輕鬆。不過，前提是你們彼此都願意完全活在當下，當雙方都能訴說且接受真話時，就能更真實地生活，完整地做自己。

內部衝突與外部衝突

　　說真話，有時會導致衝突、爭執、意見分歧或誤解。因此，無法承受八種不舒服情緒的人、害怕關係生變的人，或害怕讓對方不舒服的人，通常會選擇閉上嘴巴、保持沉默，將衝突放在心裡。

　　然而，不說出口，衝突並不會消失不見。問題依然還在那裡，唯一不同的只是衝突發生之處而已。很多時候，外部衝突（和他人的分歧或矛盾）會被留在內部，導致這些衝突在自己的內心世界上演獨角戲（會產生更多的焦慮、悲傷或憤怒）。

　　艾琳是我的一個諮詢個案，我曾建議她有話要說，不要悶在心裡，也和她討論衝突的本質。當時，她因為另一半傑斯揶揄地說她胖了七公斤而感到很難過。然而，她沒有把自己的憤怒和失望說出來，只是發現她跟傑斯越來越無法相處。聽完她說的話之後，我把一張衛生紙扔在我和她之間的地板上。這張衛生紙代表的是艾琳和傑斯之間尚未解決的衝突。

以下是一個角色扮演的換位思考練習，一開始由我扮演傑斯的角色。艾琳告訴傑斯（也就是我）她很生氣也很受傷，希望他不要再那樣說話，於是衝突就留在了它原本該在的地方——我們之間。這是兩個人都能看到、也都心知肚明的存在，彼此可以敞開來處理。接著，換我來扮演艾琳的角色。我伸手去拿地上的那張衛生紙（在此代表衝突），然後把它塞進衣服看不見之處。這個動作代表衝突還在，但現在落在了艾琳的心裡，因為她沒有對傑斯說出心裡想說的話。衝突本來是在兩人之間（即外部），現在停泊在艾琳的心裡（內部），沒有人看得見，也就沒有人能回應，這都是因為艾琳沒有說出口。

感受和衝突不會奇蹟般消失；唯一會改變的，只有它們停留之處。我希望人們之間的問題和衝突是可以公開的、暴露在外的，這樣它們才能被回應和解決，而不是停泊在內心深處，最終潰爛化膿，發展為有害的感受，造成情感疏離。

反覆出現的對話問題

最近，我朋友史蒂芬告訴我，每當他不得不跟前妻碧昂卡說話時，就會反應特別大，也會覺得很沮喪。他說，碧昂卡要求多、性格乖張、不負責任，說話總是不算話。史蒂芬希望能關照到他們十一歲孩子的感受，也擔心前妻會對孩子帶來不好

的影響，因此他經常對碧昂卡的要求（例如更改約定好的安排和計畫）照單全收，盡量避免發生衝突。這意味著，為了讓女兒不會感到失望，史蒂芬經常需要調整自己的行程，好配合前妻突如其來的變卦。這讓史蒂芬覺得生氣、憤慨和被利用，只要碧昂卡有話跟他說時，他都會感到無助又心煩氣躁，因為就如他所料想的一樣，每次的對話內容都千篇一律。

　　或許，你的身邊也有像碧昂卡這樣的人，可能是你的伴侶、夥伴、家人、朋友、同事或上司。如果你不得不和一個經常把事情變得更複雜的人交談時，可以考慮以下幾點。首先，你要記住，你無法為自己發聲，其實是因為你無法處理好自己的感受。要展開一段對話，你不僅需要忍受自己可能生起的八種不舒服情緒，同時也要忍受對方正在經歷的同樣情緒。

　　如果你跟史蒂芬一樣，對某些對話格外有壓力，只要想到要跟某人說話就覺得畏懼、害怕，這很可能意味著，你還沒有妥善處理好自己的不舒服情緒，並預期自己要被迫去體驗對方的不舒服情緒，以及（或是）你很難去回應對方不尊重你或傷害你的態度。

　　一旦進入到對話階段，你必須明白自己需要容忍對方的情緒施加在你身上的不適感，並清楚地知道你想要如何回應（例如拒絕，或設立明確的界線），同時意識到，你的回應可能引發對方更多不舒服的反應。記住，如果事態越來越糟糕，你不

需要持續對話，可以客氣並堅定地結束對話。

　　對於特別緊張的情況，可以考慮另一種選擇。如果對方是你經常需要聯繫的人，而他的反應也是你可以意料到的，那麼你可以在下次互動前，根據你可能收到的回應，做出一張類似下面的表格。然後，在每次對話或互動之後，在表格上勾選做紀錄（若有需要，可到我的網站 www.DrJoanRosenberg.com/resources90/ 下載表格範例）。

困難對話紀錄表

日期	6/12		6/14		6/19			
指責我不關心他	✓✓				✓			
責備我			✓✓✓		✓			
說過的話又改口	✓				✓✓			
重複同樣的話			✓✓					
罵我或侮辱我					✓			
大吼大叫	✓✓		✓✓✓		✓✓			
說謊或選擇性透露訊息					✓			
推卸責任					✓✓			

　　結果就是，你不再覺得這些回應是針對你而來，因此你受到的影響就不會那麼大。當你能預期並記錄對方的反應時，意

味著你已能退後一步來看待事情了。這個方法能幫你建立更強的掌控感——不是掌握對方的行為，而是掌握你的反應。這樣一來，你更能清楚自己想要如何回應，也能夠更清楚地觀察對方是如何「觸發」你的不舒服情緒。

如何在不失禮的情況下設立界線？

星期六一早，賽琳娜牽著新認養的小狗出門散步，期待度過一個輕鬆自在的週末。她盤算著自己的安排——散步、追劇、打電話給媽媽和好友、悠閒地泡個澡，然後和朋友去吃早午餐——直到她遇到了樓下的鄰居羅妮。她想自己還有二十分鐘的時間可以利用，因此主動和羅妮聊了起來。她們越談越深入，兩個小時後，賽琳娜不得不結束對話。回到家裡後，她心情非常低落，她又再一次地為了滿足別人的需求（還是她自以為的），而忽略了自己的渴望和意願。現在她只能隨便沖個澡，去赴早午餐的約會了。

你是否覺得設定界線很困難？如果是的話，你很可能會糾結於「別人怎麼想我」（從外向內的思考方式），或是擔心如果自己設定界線會傷了其他人的心。

下次當你忍不住想「討好別人」或以別人的需求為優先時，請試著不偏不倚地回歸中心，關注自己的需求和感受；從正面、

友好、善意的角度與對方接觸，然後簡單陳述事實，傳達你想設下的界線、限制或說明你的需求。以賽琳娜的例子來說，她可以這麼說：「嗨，羅妮！最近好嗎？我大概只有二十分鐘可以跟妳聊聊。等下次有時間，我們再來約一下好好談談。」

真正的傾聽

最後，請學會帶著慈悲心去傾聽。當你能正確地接收到他人的體驗時，就知道你們的頻率對上了；這意味著，當你回應對方時，看得出來你聽明白且理解對方的話，特別是隱含在字面下的意思。同樣的，你的回應也會很及時（不會充耳不聞或故意漠視）。這樣的高品質回應稱為「權變溝通」（contingent communication）[4]。

美國諮商心理學家亞倫・艾維（Allen Ivey）提出傾聽的「精微技巧」（microskills），這原是為新手諮商師設計的技巧教學，以下是我在實務應用時的詮釋[5]。這些技巧能幫助你成為一個具有同理心的傾聽者，可以明顯提高你理解他人想法、感受和需求的能力。

關照對方

聽起來這似乎很基本也很自然，但還是值得一再提醒。關照對方，只需要在對話時看著對方，透過眼神交流、面部表情、點頭、小手勢或一些簡短的「嗯啊」回應，來表示你很專心傾聽即可。此外，你也可以身體前傾，靠對方近一些，用肢體語言來表達你的興趣、你們之間的連結，以及你的參與及投入。以上行為都在向對方表明，你的注意力都放在這裡，正在密切關注著你們之間發生的事。

當你把注意力移開，例如看手機、看電視，或是做出任何一種心不在焉的行為，無法積極傾聽與及時回應時，就表示你沒有做到在對話時關照對方。

提出開放式的問題

不像是非題，開放式的問題有無限多種可能的答案。例如「你現在需要什麼？」或「我可以做什麼來改善我們之間的關係？」這類的問題，答案都不是簡單的是或否。你可以像寫新聞報導一樣，把一些寫作技巧用在問題上，涵蓋人物（Who）、事件（What）、時間（When）、地點（Where）及方式（How）（避免問為什麼，因為這類問題容易讓人產生防備

心）。以「發生什麼事」及「如何發生」開頭的對話，通常是
更好的開場方式。

總結事實

即便對方可能只是在談論他自己的感受，但釐清事實仍是
重點。你可以轉述對方的話來求證真實性，或者用當事人實際
說的話來總結你被告知的事實。

正確回應感受

回應對方時，首先要回應對方的感受。例如：「我知道失
去寵物有多傷心，也知道對你來說，貓小妞等於是你的全世
界。」或是：「哇！可以去斯德哥爾摩出差，還代表公司發
言，你真的太厲害了！」也可以簡單地用一句話表示：「聽起
來好沮喪喔」或「我知道你為什麼會如此失望」。

這裡的重點是你要回應對方的感受，或者對當下的氛圍做
出回應，無論對方是否直接表達出來。如果那是一種難受的情
緒，千萬不要暗示對方「應該」或「不應該」有這樣那樣的感
覺；同樣的，也不要告訴對方「撐過去，往前走」。這樣的回
應只會讓對方出現防備、反擊、退縮或關上心門等反應。

　　如果你覺知到對方的感受，可以把你的觀察說出來，即便那看起來很明顯。察覺到對方的痛苦，是幫助對方釋出痛苦必不可少的一環。無論你是否同意他或她的觀點，你說的話都會讓對方平靜下來，這是因為他或她的體驗獲得了認可。

　　當對方覺得自己被聽見、被感覺到了（意思是指被「理解」了），就會覺得自己是被關注的（我不孤單，還有人關心我的存在）、被認可的（我的體驗對別人來說是重要的，那讓我覺得自己變得重要了），並且被深入理解（我和內在自我、我和對方的連結都變得更強了）。這麼一來，緊隨而至的最直接效果就是平靜及重獲活力，彼此的情感也會更加緊密。

　　只有這樣，你才能繼續解決問題。如果你急著先解決問題，那些不舒服的情緒在沒有得到回應後就會盤桓不去，而且對方（尤其是女性）會覺得遭到忽視，就更無心和你對話。所以記住：要永遠把感受擺在第一位。從情緒或感受下手，這樣的解決方式適用於每一種人際關係，包括個人關係及職場關係。

> 想要有高品質的對話，記得要先回應對方的感受。

　　另一件重要的事，是多多留意積極、正面的感受。認可對方的大膽冒險、努力及成就，多使用「你真棒！」、「做得好」、「我真為你高興」這樣的話來讚美對方，會對一個人的

人生造成深遠的影響，真誠的讚美與認可還能促進你們的關係。

職場上的對話技巧

雖然這本書提到的許多概念都能為企業文化帶來正面
影響，但每個員工之間是以什麼樣的方式連結，也是團隊
乃至整個部門能否成功運作的關鍵之一。無論你是需要不
斷給出回饋、調停人際問題的主管，或是必須面對客戶、
同事或老闆的員工，都可以想想要如何善用這些說話與傾
聽的概念，以及這些技巧能如何改變公司文化和對客戶的
回應方式。在你閱讀下文時，請記住你的角色與責任。以
下是提供給你的幾個提醒：

◆ 用正面、友好和善意的方式展開對話。

◆ 對話時，盡可能顧慮到每個人的感受和顏面。

◆ 等到情緒浪潮退散後，再開口說話。尤其在生氣或沮喪
　時，更要特別注意。

◆ 用冷靜、堅定的語氣說話，避免情緒激動、發火或說出
　貶低他人的話。唯有這麼做，你要傳達的訊息才能被聽
　見及接收。

◆ 認真傾聽並優先回應對方的感受。帶著解決問題的善意
　提出開放式的問題，而不是指責對方。

學會容許沉默

允許對話時出現沉默，這麼做能讓對方有機會消化你說的話，反之亦然。你不需要滔滔不絕，也不需要急著彌補或挽救說錯的話。請允許沉默，不要急於一時。

⌬ 自信真誠，成為有力量的人

「傑克最喜歡解決問題，給他機會去想辦法解決問題，他可開心死了。」三十八歲的梅莉莎跟我說：「每當我想和他談談時，他總是告訴我應該如何解決我的問題。我跟他說：『我只想讓你聽我說，沒有要你告訴我應該怎麼做。』於是他會覺得自己做錯了，然後就縮回去了。」

四十一歲的傑克也同樣在接受療程，他補充說道：「對，沒錯——我被妳的語氣弄糊塗了，所以不太清楚自己應該怎麼做，我就只好不說話了。然後我們就會陷入一個尷尬的僵局。」

男人想解決問題、做該做的事，但他們通常會把別人的回應當成批評而不是訊息。這些回饋讓他們覺得自己做得還不夠或「做錯了」。接著，這又會讓他們覺得「自己不夠好」，於是「感覺很糟糕」。感覺糟糕有時會被詮釋為「我很糟糕」，

這就是為什麼男人往往會選擇切斷情緒連結。

　　當男人主動提出問題，只要問問他對某個情況的看法，通常你就能從話語中聽到或感覺到他的真實感受。一旦你懂了他的感受，把它說出來讓對方知道，通常就能提升他的自我認知及幸福感。

　　另一方面，梅莉莎因為傑克老是提出解決方案而備受挫折，傑克則因為梅莉莎不滿意自己的解決辦法而情緒低落。傑克是行動派，他的解決方法往往是去「做」某事，而不是好好聽梅莉莎說話，也因此惹惱了梅莉莎。梅莉莎想要的是，傑克能夠說一兩句像這樣的話：「那可真糟糕」、「太讓人失望了」，或是「我知道妳為何這麼沮喪」。

　　當女人要求男人傾聽自己說話，她們想要的通常只是自己的感受能夠得到回應，僅此而已。因此，當女人提出自己的問題時，男人首先要回應她的感受……這才是「解決問題的方法」！一旦你做到這一點，接下來才是看看她是否準備好要接受更具體的解決方案。

> 愛一個人本來的樣子，然後你就會看到他們在短時間內成為最偉大、最真實的自己。當一個人感覺自己的本質被看見、被欣賞，就會立刻被賦予力量。
>
> ——韋斯‧安傑洛茲（Wes Angelozzi）

提醒自己說真話有多重要（也允許對方說真話），這是建立自信心的重要一步，你們的關係也將朝向更健康、更圓滿的方向發展。

下一步是什麼？

自在表達的能力，與你活在當下去體察所有經驗的能力息息相關。你越能對準頻率去覺知並擁抱自己的情緒經驗，就越容易為自己發聲，並透過傾聽的方式來迎接他人的情緒經驗。

記住：你的自信大都來自你善意的言語，以及當對方的回應不是你想要的時候，你處理及應對不舒服情緒的能力。

如果你看完這一章後，能從中獲得一個訊息，那麼我希望是：培養能夠從容自在說實話的能力，這對你非常重要。請善用羅森伯格情緒更新技巧，下決心去覺察並駕馭不舒服情緒的九十秒情緒浪潮，然後再把心裡的話老實說出來。

我們來看看自信心是怎麼來的：當你能夠承受這八種不舒服的情緒時，就有能力把心裡真實的想法說出來。當你說出真實想法時，將會更了解自己，並透過說真話而獲得更多的自信。當你獲得自信後，會更勇於為自己發聲，也因此培養出更高的情緒復原力，因為你清楚知道，無論對話結果會觸發什麼情緒，你都有足夠的能力應對。

把話說出來，會讓你更相信自己。你不再需要自欺欺人，也不再需要逃避。或許你會因此更喜歡自己，甚至是愛自己，因為現在的你變得更表裡如一，也更相信自己了。愛自己，才能開創你想要的人生。

另一件重要的事是，說真話能幫你活出更真實的自己。一旦你能自在地把內心真實的想法說出來，讓想法、言行及感受全都內外一致，這樣的你就是和真實的自己「完全同步」，成為一個情緒力量強大、自信且真誠的人。

在這一章中，我們談到如何去感受及表達真實的體驗。接下來，我們要幫你克服更多的阻礙，包括害怕失敗、難以信任他人及無法消釋的悲傷──這些都會阻擋你活得真誠、做真實的自己。一旦清除這些障礙，你就能繼續培養更多的技能，不僅能讓你更愛自己，還能開創自己喜歡的生活。這正是羅森伯格情緒更新技巧的最終目標。

療癒過去，走出悲傷

我希望你現在已經知道，可以透過駕馭八種不舒服情緒帶來的九十秒情緒浪潮，順利度過每一天的體驗。不過，一旦你開始選擇度過（而不是逃離）這八種不舒服情緒，並真實表達自己的聲音，接下來很可能會面臨一個新的挑戰：那些使得你不願去體會真實情緒、不願表達真實自我的痛苦記憶，很可能會一一浮現，並開始等著被處理。別擔心，這很正常。

當你更能活在當下，與每一刻的真實體驗連結，許多重要且正向的改變就會開始發生。允許自己「知道應該知道的」，並「說出自己知道的」，你對自己的整個觀感和認知就會開始轉化並改變。

不要讓傷痛停留在那裡

情緒力量越強大，你會越知道如何有效處理自己的不舒服

情緒。你會更擅長應對每天的挑戰，並開始療癒過去的傷痛。回憶和悲傷會自然湧現，等待被解決。情緒包袱會自然浮現出來，這是你不斷提高覺知及成長帶來的自然結果。然而，要度過這些早年的記憶和痛苦，你需要的不只是駕馭九十秒的情緒浪潮。

對於童年或成年後的某些遭遇，你可能只是單純地感覺到生氣、悲傷、無助或失望。無論當時發生了什麼事，現在當這些感受浮現時，你都會感覺到悲傷（grief）。

甚至，當你習慣了時時和當下的感受保持連結，或許會對這些不時浮現的記憶感到沮喪或生氣：「為什麼這些痛苦的回憶和感受，要在我覺得自己好多了的時候出現？」「這些過去的記憶還可能觸發我的情緒嗎？」答案是：當然會。你會在一段時間內體驗到痛苦的想法、感受或記憶，但它們不會永遠停留。當你允許自己度過這些感受和體驗，就能從中獲得更多的洞見與智慧。

關於失去，那些你應該知道的事

失去是一個有趣的現象。當你在非預期的狀況下失去了某個東西或失去了深愛的人，如果你現在又再次經歷失去，就會很快、很輕易地回想起先前的失去經驗。我們都知道，氣味能

快速地喚起記憶，除此之外，根據我的執業經驗，我發現失去和分離也能喚起類似的過去經驗，而且速度比什麼都快。

　　大多數人會把失去和某種親密關係聯想在一起，比如失去配偶、伴侶、父母、祖父母、兄弟姊妹、照護者、男女朋友、親戚或朋友，其中也包括失去豢養的心愛寵物。但是，從更廣泛的角度來探討失去，也非常重要：失去也可能包括失去某些生活中沒那麼具體的東西，比如健康、行動自如的能力、工作、經濟能力、財務狀況、家、安全感、名望、聲譽、地位或機會等。

　　此外，失去通常還涉及到過去（童年經驗）或甚至是成年後的現在，你要去辨識並面對你所需要的、想要的、夢想的，與真正發生的現實之間的區別。這兩者之間呈現的落差，就會讓人產生「失去」或「失落」的感傷。

　　悲傷或感傷帶來的九十秒情緒浪潮可能不只一波，而是一波接著一波湧現。或許你才剛哭過，情緒平復一些後，又不禁悲從中來。就像先前一樣，你也要學會駕馭它們。情緒浪潮的頻率和強度都會隨著時間降低，最後一定會退潮，這是不變的真理。

善於偽裝的多變情緒

正如我先前所說的，大多數的人都把悲傷（我通常將之形容為一種傷心、無助、憤怒或失望的感受）直接想成與現在或當下的失去有關，例如失去一段感情、失去摯愛或寵物。但我認為，還有一種更深層次的悲傷與童年或甚至成年後的生活經歷有關。這一類的悲傷通常會被往內推回到內心深處，一直沒有解決而耿耿於懷，因而導致痛苦、積怨、妒恨等感受，最終形成靈魂抑鬱。

這種不同的悲傷是大多數人避而不談，或甚至不明白自己正在經歷的，我稱之為「偽裝的悲傷」。偽裝的悲傷可能表現為難以消散的怒氣、苦澀、指責、憤世嫉俗、怨恨、敵意、嫉妒、消極、悲觀、後悔、憎恨、報復的渴望、挖苦、討厭自己，或其他一些長期存在的痛苦。就像我先前所說的，你必須正視童年及成年後的經驗，進而處理夢想與現實之間的落差。

多年的臨床執業經驗，讓我開始意識到，當諮詢個案描述與這種落差有關的記憶，或使用上述十四種情緒性語彙來描述時，這樣的記憶和用字都是一種信號，引導我去看穿藏在個人經驗、感受和反應背後的那些未獲解決的痛苦。只要循著這些信號就能找到痛苦的根源，而我發現這種痛苦其實就是悲傷，一種經過偽裝的悲傷。

例如，如果你不讓自己去想，悲傷、無助、憤怒或失望等情緒就可能發展成更有害的悲傷版本——痛苦或怨恨。這就像你在這八種不舒服情緒中，混入了一定程度的惡意或敵意。

【練習】找出悲傷的信號詞

誠實地想一想，以下哪些字眼對應到你的感受或反應，不管那是和特定的人事物有關，或是你對當下生活的反應？它是否是一種頻繁的心理狀態？以下每一種形容情緒狀態的用語，都是表達悲傷的偽裝方式，可視為悲傷的提示或信號詞，包括：難以消散的怒氣、苦澀、指責、憤世嫉俗、怨恨、敵意、嫉妒、消極、悲觀、後悔、憎恨、報復的渴望、挖苦、討厭自己，或是其他長期存在的痛苦。如果其中有任何一個信號詞引起你的共鳴，那麼你可以這樣做：

1. 把引起你共鳴的信號詞都寫下來。
2. 快速地回想一下，有哪些記憶和你寫下來的信號詞有關，把它們寫下來。
3. 想想這些記憶底下，是否潛藏著悲傷。如果你能單純地去感受原始的情緒，而不是讓它演變成有害的情緒版本

會對你更有益。試著用八種不舒服的情緒（悲傷、羞愧、無助、憤怒、難堪、失望、沮喪與脆弱）當參考，看看這些記憶和八種情緒的哪幾種有關，並把相關的情緒也寫下來。

4. 完成這個練習後，你有什麼想法和觀察嗎？請寫下來。如果你體驗到的感受是真實的悲傷，而不是偽裝後的憎恨，對你會有什麼不同？

只靠情緒更新技巧來駕馭悲傷、無助、憤怒或失望的情緒浪潮，並不能完全解決悲傷或偽裝的悲傷。你還需要更加理解自己的生命經驗，才能走出悲傷，釋出幽禁已久的痛苦。這兩件事缺一不可，也是我接下來要說明的重點。

◌ 重新看待你的人生經驗

人生在世，難免會受到傷害。我們如何去體驗、理解並從這些傷害中回復過來，就是自我成長的基本要素。反思這些傷痛和經驗是如何塑造了你的性格、反應模式和信念，雖然這樣做可能會很痛苦，卻對你很有幫助。

　　要理解你的生命經驗，第一步就是承認有些生命事件或情況尚未解決，而這些記憶可能成為悲傷依附之處。這個做法的實質意義是：

+ 了解這些經驗在經年累月後對你的影響和意義
+ 原諒自己和他人
+ 放下你過去對自己的看法
+ 重新打造你想成為的新形象

　　度過這些悲傷感受，可以幫助你從被動地回應生活轉變為主動創造生活——你喜歡的生活。這是讓你從「預設人生」走向「設計人生」的轉捩點。

筆記 9：偽裝的悲傷與悲傷更新技巧

　　接下來，我將在這一章中提出幾個需要你用心思考的問題。我建議你準備好紙筆，一邊閱讀一邊記下你的想法，特別是接下來的這幾頁內容。

　　釋放痛苦的記憶和已經過時的故事，需要幾個步驟來達成。第一步，就是誠實地檢視自己的人生。

　　當你打從心底承認發生過的真實經歷，就是走在通往真正

療癒的路上。重拾真相，有助於你釋放內心逗留不去的消極、敵意、情緒遺毒、痛苦、怨恨、自我厭惡、指責自己或他人，以及所有殘存的積怨。為了徹底度過這些情緒，以下我會列出五種主要、但經常被忽略的偽裝悲傷方式，幫助你理解為什麼你會有這些感受。這些感受通常都源自以下幾種模式或類別：

發生了不該發生的事：大都屬於負面的人生經歷，例如父母或照護者缺席、嚴厲的批評、被賦予和年齡不符的責任、遭受到辱罵或嘲笑、被忽略、虐待、暴力威脅，或是誤解了你真正的需求。

沒有得到應得的對待：這些對待通常是指生活中每個人都需要且渴望得到的好事。例如始終如一的愛、關注、受到認可、被稱讚、慶祝生命中的重要時刻等等。

過去沒有發生：指的是承認過去生活環境的真實情況。無論是父母、家庭生活、經濟狀況、朋友、教育、健康狀態或是想要的機會，你從來沒有得到過。

現在沒有發生：指的是認清當下生活的真實情況。

永遠都不會發生：對象可能是父母、照護者、伴侶、兄弟姊妹、親戚或朋友，他們看待事情的方式可能永遠不會跟你一樣，或者永遠不會改變自己來支持你；或者是指從過去到現在的某種情況，永遠都不會成為你想要的樣子。

悲傷更新技巧

當人們無法接受「做過的事不能挽回，沒做的事不可重來」，就會陷入悲傷的情緒狀態。為了幫助人們度過悲傷經歷，我發展出以下的悲傷更新技巧的五個步驟。

想一想，在你的人生中還有哪些情緒尚未解決？選出一個你想要解決、原諒、釋出或放下的經歷，然後遵循下列步驟進行。你通常會從痛苦、敵意和憎恨等反應，很快就尋得潛藏在底下的悲傷，但其他像無助、憤怒及失望等感受，同樣也要視為悲傷的信號。

1. 允許真實的情感浮現，並充分去體驗。

◆ 在你身上有發生什麼不該發生的事嗎？（不好的事，例如虐待、混亂、反覆無常、被忽視）

◆ 你沒有得到哪些應得的對待？（好事，例如受到認可、稱讚或支持）

◆ 哪些事情過去沒有發生？（事實、情境和你錯失的機會）

◆ 哪些事情現在沒有發生？（認清現在生活中的真實情況與事實）

◆ 哪些事情永遠不會發生？（接受某些變化或反應有可能永遠都不會發生）

2. **找出一個尚未解決的記憶或悲傷經驗，它對你很重要或影響很大。**

3. **深入扣問：透過了解這個經歷對你的影響、重要性、衝擊、意義、相關性，來理解你的生命歷程。**

   ◆ 你是因為這個經歷，才變成現在這個樣子的嗎？那麼童年時期／青少年時期／成年後至現在呢？

   ◆ 這個經歷如何形塑你、你的個性與特質，以及你看待事情的觀點？

4. **探索及提取正面的教訓。**

5. **讓自己自由：放下那些你用來描述自己的「老故事」。**

   原諒他人也原諒自己：原諒他們知道和不知道的，也原諒他們做過和沒做的。

   打造個人的新形象：你想成為一個什麼樣的人？開始描寫關於你的新故事。

為了進一步了解這個過程如何幫你理解、放下過去的悲傷，接下來我們將會深入探討每一個步驟。

找出讓你悲傷的經驗

一旦你選定一個你還沒放下的過往記憶——也就是現在還

是很容易觸發你許多情緒的回憶——就能開始運用上述的悲傷
更新技巧，來試著理解這個人生經歷的意義。你不需要對每一
個記憶都這麼做，因為一旦你處理了其中一件，就會產生骨牌
效應。只要充分理解了某件人生經歷，就能同時讓你理解許多
其他的人生經歷。

　　處理涉及到感情傷害的情緒非常複雜，因為愛與想保護一
個人的願望可能與悲傷、憤怒、失望、痛苦或怨恨等情緒交織
在一起；而當你想讓對方經歷跟你一樣的傷害和痛苦時，就會
產生報復心理。不過請記住，這裡的焦點全在你身上，也就是
你如何理解這件人生經歷。因此，去體驗、談論跟這些痛苦記
憶有關的不舒服情緒，事實上對你的健康有幫助。即便你從未
對別人或傷害你的人說過你的情況或感受，認可你自己的真實
經歷仍然非常重要。

　　繼續前進。當你面對這個事實，你的覺知程度會提高、記
憶會浮現、感受會生起，這時要盡可能去體驗每一刻，包括你
的想法、感受、需求和感知。現在正是時候去釋出你的感受
了。如果感覺到悲傷，就讓自己悲傷；感覺到生氣，就讓自己
生氣；感覺到失望，就讓自己失望。然後問問自己：「我因為
什麼而悲傷、生氣和失望？」如此一來，你就可以把自己的感
受與該經驗聯繫起來。

反思這段記憶

下一步，就是去反思這段記憶。透過反思，你將會回到這段記憶中。當你在心中為這段記憶創造出一個反思空間時，會有更多細節或更多相關的回憶逐漸浮現出來。當等待處理及釋放的記憶浮現時，請保持開放的心態擁抱它們。在你度過這些情緒的同時，可以再想一想這整個經驗，這麼做有助於最大程度地消解它們。

深入叩問

第三步驟是更深入地探究，以便了解這個事件從發生到現在究竟為你帶來了什麼影響。你可以這樣想：每一個人生經歷，都是為了幫助生而為人的你成長及進化。所以，與其問自己：「為什麼這種事會發生在我身上？」不如問問：「這種事為什麼是為了我才會發生？」提問方式不同，你所得到的答案自然也會不一樣。在此，你的重點應該放在：思考發生在你身上的這個經歷，為你帶來的影響、重要性、改變、意義、相關性及重要含意，以及這件事如何形塑了你的人生。

你生命中經歷過的難關與不舒服的經驗，通常都會因為痛苦而產生某種信念、心態，以及做出攸關人生的重大決定。有

時候，這些信念、心態和決定帶給你的痛苦，甚至超越事件本身的痛苦。你認為這些經歷對你有什麼意義呢？它如何改變你對自己的看法，包括你的性格、你的能力以及你的價值？例如，你是否因此變得孤僻、退縮、不再信任別人，或是開始用一種粗魯、刻薄或咄咄逼人的方式對待別人？還是你因此變得更體貼、更善良了？或者，你開始質疑你對時間的分配有問題？當你思考並回答下面問題時，請做一個稱職的旁觀者，不要下任何評斷。記得要溫和地對待自己。在這個部分，最關鍵的問題包括：

◆ 事件發生當下，讓我變成了一個什麼樣的人？

◆ 這些經歷，讓我成為一個什麼樣的小孩／青少年？

◆ 這些經歷，讓我長大後成為一個什麼樣的人？

請先想想這些經歷在你成長的過程中（孩童或青少年時期）如何影響你；接著，再想想這些早期經歷對你成年後的影響。

◆ 這些經歷發生當下，給你帶來了什麼影響？

◆ 當你長大後，這些經歷跟你有何關係？

◆ 這些經歷對你今天的生活有什麼重要的含意？

　　另一個檢視人生經歷對你有何影響的方式，就是仔細想想你因為這些經歷而對自己、對他人、對這個世界以及對未來發展出了哪些信念。你還可以從這四個角度分別去想，從事件發生當下到現在，你的觀點是否有了某些改變？是變得更好，或變得更糟呢？

　　我們還可以從另一個角度來理解你的人生經歷。問問自己以下的問題：

- ◆ 這些經歷如何改變了我的態度？
- ◆ 這些經歷如何改變了我的信念？
- ◆ 這些經歷如何改變了我的決定？

探索及提取正面的教訓

　　當你思考這些經歷為你帶來的影響和意義時，可以順便想想，你能從中獲得什麼正面的學習與教訓嗎？例如，有個經驗讓你不敢再相信別人，就不是一種正面的學習。

　　如果父母有一方濫用藥物或有成癮問題（例如酗酒、吸食古柯鹼或冰毒），孩子通常會想逃離家庭，躲在讓人感覺安穩的學校環境。這樣的孩子通常會表現優異，全心投入在學習及課外活動，成為校園裡的風雲人物，因為這樣做離成功更近，

可以早日讓他們脫離家庭。長大成人後，當他們回顧、反思年幼時在家裡經歷到各種失望、難堪和脆弱，通常會說自己當時是如何不屈不撓、勤奮向上、專注，以及如何從這樣的痛苦中脫穎而出，逐漸發展出幫助自己獲得更多機遇、開展成功事業的個人特質。

　　如果我們能從痛苦的人生經歷獲得正面的學習、積極的教訓，就能開始以意義重大的方式形塑自己的性格與人生。以下馬雅、娜塔莉和朗尼的故事，就是很好的例子。

　　馬雅是獨生女，現年二十九歲，是一名成功的人力資源部門主管。一開始，她是因為嚴重的焦慮和一段草草結束的戀愛前來尋求協助。馬雅從小就看著父母失和，即使夫婦兩人在馬雅十二歲時離婚，爭執也從未停止過。他們不會在馬雅面前大吼大叫，而是用冷戰、挖苦、尖酸刻薄和含沙射影的方式對待彼此，讓馬雅一直處在焦慮和情緒失衡的狀態。因為她必須在父母的夾縫中求生活，與任一方維繫好關係，所以從小她就學會如何讀懂父母微妙的心情變化。

　　我和馬雅討論了父母的溝通方式，在成長過程中對她造成了什麼影響，以及長大成人後的她為什麼把這麼多的注意力放在其他男性及他們回應自己的方式上，以至於無法自在地和任何一個約會對象擁有長久穩定的關係。當馬雅開始處理父母的行為對她的影響後，她的焦慮明顯減輕了，也更有自信，相信

自己能夠得到想要的，尤其是感情方面。即便馬雅的童年不好過，但她也意識到，自己對情緒變化的細微觀察，以及對非肢體語言和說話語氣的理解能力，讓她在交涉合約、調解專業衝突及服務客戶時都發揮了莫大的助力。

娜塔莉是一名四十三歲的成功律師，她是因為事務所在短時間接案太多，讓她不堪工作及壓力負荷前來做心理諮商。當我了解到公司、家庭及社區活動（她在教會、孩子學校和職業工會都是領導級的志工）對她的高度需索時，很容易就明白她為什麼會覺得喘不過氣。她是原生家庭的老大，父母不僅需要她幫忙照顧弟弟妹妹，出現家庭紛爭時，小小年紀的她還能給出聰慧的建議，難怪長大後的她有如此優秀的組織能力，在各方面展現高人一等的效率。在諮商過程中，她意識到自己對父母的憤怒，因為父母的關係，她失去了一個無憂無慮的童年。然而，就像馬雅一樣，娜塔莉也對這樣的童年經歷心懷感激，因為早年的生活幫助她成為一名心思細膩、高效率的成功專業人士。

三十七歲的朗尼告訴我，他在二十多歲時曾與一生摯愛分開，經歷過很長一段時間刻骨銘心的痛苦。他的伴侶不僅欺騙他，還對朗尼的好友撒謊，讓他花了幾個月才好不容易修復這段友情。雖然眼前有一堆爛攤子，自己的心也碎了一地，但朗尼知道，他雖然可以沉溺在痛苦中、不再接受新戀情，但到頭

來受傷的還是自己。於是失去摯愛的經歷讓朗尼更加堅信，自己要打開心扉接受新戀情的到來。他在前一段感情擁有過最棒的感受，如果他能在第一次就這樣愛過，肯定能夠再這樣愛一次。

以下的問題可以幫助你對自己的經歷有更深入的洞察：

◆ 有或沒有這些經歷，對你有什麼不同？
◆ 你是否因此發展出某種心態、技能、習性或特質，從而幫助你擁有一個更滿意、更有生產力、更成功或是更幸福的人生？
◆ 你能看出自己從這些經歷中學到了哪些正面的教訓，是你一生都能受用無窮的？
◆ 你是否已經在運用這些正面特質，只是先前沒有意識到？
◆ 你能從這些經歷學到什麼，幫助你成為你最想成為的那種人？

以上這些發現都是你需要的，能帶給你莫大的幫助。

原諒自己，也原諒他人

這是悲傷更新技巧最重要的步驟之一。原諒不表示你同意、贊同或寬恕發生的事，而是意味著你承認並接受這些事真

實發生過。瑪莉・莫瑞賽（Mary Morrissey）是個人成長領域的專家，她很喜歡說的話是：寬恕是拿走內心的一道牆，讓愛可以進駐[1]。透過悲傷，去理解過往經歷對你的影響，從中記取教訓，就能走向寬恕之路。寬恕能幫你放下過去，更充實地活在當下。請帶著愛來進行這個過程，不要有任何評斷。

原諒自己做過的和沒做的，原諒自己知道的和不知道的。同樣的，也以這樣的心態去原諒那些傷害你、冤枉你的人，無論他們是有意為之，或是無心之過。這個過程可能需要你有意識地花時間一再練習，才能真正做到。

如果直到這一步，你仍然很難從進化和成長的角度來看待這個人生經歷，而且也認真思考了前述所有能幫助你原諒與往前看的建議，那麼最後可以問問自己這個問題：「如果我想化解這個經驗／事件／情境，還有什麼是我需要做的？」如果答案是一件你不可能辦到的事，這就代表是時候讓自己接受事實了。現在，你應該接受事實，並原諒自己，也原諒他人。

> 原諒自己做過的和沒做的，原諒自己知道的和不知道的。
> 同樣的，也以這樣的心態去原諒那些傷害你、冤枉你的人。

每個人都會受傷。我們只是不希望傷痛影響了生活，或影響我們能成為什麼樣的人。我曾見過許多人因為童年被一兩個

人傷害，就把自己禁錮在那個童年時期，多年後還是用年幼受傷的那個自己來和別人相處。有時候，他們是故意為之；但大多數時候並不是如此，他們只是因為害怕再次受到同樣的傷害，所以用這樣的方式來保護自己。

你可以把三十年前受過的傷害，想成是一張藍圖。小時候，你把這張藍圖反覆交給那些傷害你的人──每一次都是同樣的回應、同樣的模式。長大後，你繼續使用這張藍圖，在你十九歲、二十五歲、三十一歲或四十歲時，持續把它交給你身邊的人，並說道：「給你，新朋友！請看看這張九年前、十五年前、二十一年前或三十年前的藍圖，因為我預期你會用我十歲時身邊的人對待我的方式來對待我。」問題是，這張舊藍圖和你新遇見的人沒有一點關係。每一個你新遇見的人，都可能以完全不同的、更合適的方式來回應你。

每次你新遇見一個人，都是一張新藍圖。每一次都是。

重要的是，你要認清一點，身為一個年幼無助的孩子，從來就不是造成任何虐待或忽視的原因。你所經歷的那些，也從來不是因為你的緣故（即使身邊的人是這麼告訴你的）。你只不過是受到這些人和這些情況的影響罷了。身為孩子的你，很容易就會成為受害者。長大成人後，你的目標不僅是不要成為受害者，還包括不要成為加害者。你有必要去理解，你的父母在當時的情境下已盡了他們最大的能力了。事實上，人人都有

自己的故事，這意味著，你的照護者和身邊重要的人也各有苦衷，都有自己的故事可講。

當你走過這個步驟，就能從不同的角度去看待你的父母、照護者、兄弟姊妹和其他生命導師，你會明白過去的他們不是萬能的，也有能力有所不及的時候，而現在的他們可能依然如此。你會更真實地看清楚他們過去的面貌，以及現在的樣子。如果他們依然在世，透過回想這些過往經歷，你會知道他們的局限在哪裡，從而知道什麼是你能要求的，而什麼是你不能要求的。你還會知道，你可以為某些態度或行為設下底線，決定自己可以忍受和他們相處多少時間。他們是什麼樣子的人，以及你的經歷，都會影響你成為什麼樣的人。幸運的是，對於你將來可能成為什麼樣的人，他們的影響力要小得多。

藉由這個處理悲傷的架構，讓自己慢慢釋懷、學會原諒。一旦你做到了，就會得到解脫、放自己自由，從那個以舊記憶建構出來的故事中解套、一一放下。現在的你，已經不是當時的那個你。現在的你，可以選擇不同的心態和信念，也可以做出新決定。這麼做，你就是在創造並活出新的生命故事。

> 現在的你，已經不是當時的那個你。

⌇ 說出真實感受帶來的改變

　　孩子通常不願告訴父母或照護者自己所受到的傷害，這時孩子會陷入不知所措的迷茫中。當理應成為避風港的父母，卻成為造成痛苦的人，丹尼爾‧席格博士把這樣的關係稱為「無解的情感紐帶」[2]。在這種情況下，孩子可能會認為自己沒有任何人可以求助。

　　即使父母不是痛苦的來源，孩子也有可能不會和父母討論其他人如何傷害自己。這可能是孩子正用一種浮誇的角度在思考事情：他們認為自己比父母親更能處理好傷害或痛苦的情緒，於是孩子從來不說自己的遭遇、委屈，並試著降低事件對自己的影響，或者被問起時，可能還會直接否認有這樣的事發生——這所有一切都是為了保護父母免於遭受痛苦。

　　等到長大成人後，人們回想起小時候不說的原因，給出的答案通常有以下幾種：(1) 父母接受不了或負不起責任，這意味著孩子除了必須自行處理不舒服的情緒外，還要顧慮到父母；(2) 孩子不想讓父母親受到傷害；(3) 孩子內心很受傷，不想談論這件事。我還發現，小時候之所以不願開口，是因為他們把自己的經驗投射在父母身上；也就是說，孩子認為父母無法處理好這樣的訊息。但事實上，是孩子自己無法處理當下的痛苦經驗，或是做不到把發生的事描述出來。在這種情況下，

孩子會覺得自己沒有人可以求助，更讓痛苦加劇。這不是孩子的錯，卻沒有任何人可以說。

孩子選擇不告訴其他大人的原因，也可能是自己被教導不可以把「家醜外揚」，或者在外人面前要維持個人的良好形象。最後，沉默就成了每次受到傷害的印記。有時，緘默、隱瞞可以讓人不那麼痛苦，但孩子的沉默也可能是因為，只要不把痛苦的經驗說出去，就能繼續維持自己對加害者的好感。

幾年前的一次餐敘，坐在我身邊的是七十歲的保羅，他禮貌地問我從事什麼職業。我簡單說明了一下自己的工作與處理不舒服的情緒有關。他停頓了一下，告訴我他過去有多麼熱愛唱歌，以及他在高中時發生的一個事件。在高中的最後一場音樂會裡，保羅在兩千人面前獨唱兩首曲子。表演結束後，他的好友查爾斯對他說：「保羅，你唱得還真不怎麼樣。你都不會尷尬嗎？以後不要再獨唱了。」後來，事情的發展就像查爾斯所說的。保羅再也沒有獨唱過，甚至再也沒有開口唱過歌，不管是合唱、獨唱或任何公開的演唱，他都沒有再參與過。

保羅決定不再做自己真正熱愛的事——唱歌，但卻對過去、現在及未來都不會發生的事——開心歌唱——感到悲傷。我能想像，如果保羅在二十歲、三十歲、四十歲或甚至更久之後能夠化解悲傷，重拾唱歌的興趣，他的生活會變得多麼精彩、快樂且充滿活力。

　　保羅從來沒有告訴查爾斯那番話有多傷人，也沒有告訴對方，這樣的痛苦為他的人生帶來什麼樣的影響。從保羅的故事可以看出，看似隨意、普通、尋常的評論或事件，會如何強烈地影響你人生中至少一個重要的面向。不過想想看，如果事件發生後，不管是幾天、幾週或幾個月後，保羅能和他的朋友、父母或歌唱老師說說這件事，事情的發展可能會大大不同。話說回來，如果查爾斯能夠真誠地道歉、父母能夠給予支持和鼓勵，或是老師在練習時能幫他解決問題，這多采多姿的生活經驗就會再次回到他的人生中。

　　你並不是一定要和那些傷害你的人或知道你經歷過什麼的人，談論自己的痛苦經歷，你也永遠都不該勉強自己這麼做。只有在你真的有意願且準備好了，才付諸行動。如果對方還在世並聯繫得到，你還要考慮對方會如何回應你。假如你曾經好幾次試著說出你的經歷，卻只是受到炮轟、怒吼或拒絕，這表示你無法從雙方的對話獲益，那麼就該考慮由自己來做這些情緒工作就好。相反的，如果對方有能力可以好好回應、傾聽，並且真的聽進去且負起責任，這樣的對話就值得一試。

　　為什麼要說出來？記住，你不是為了獲得對方的某種回應，這只是附帶的好處，不是你的目標。說出來，是因為話一出口就能帶來改變。或許你得不到想要的回應，但能夠處理好這些不樂見的反應（例如憤怒、拒絕、不承擔責任或其他不舒

服的感覺），說明了你的情緒力量正在增長。

在告訴父母、照護者、兄弟姊妹等人之前，首先你要好好想想以下這些事：

a) 我想說什麼？我希望讓他們聽見什麼？

b) 理想情況下，我希望會發生什麼事？

c) 實際上，我可以期待什麼？

d) 我最可能得到的回應是什麼？

你可以套用以下腳本來組織你要說的話：

> 「我想跟你談談成長過程中的某些經歷，分享關於我的一些訊息，這樣做我才能繼續成長，你們也才會更了解我。我現在說出來，是因為要解決我自己的情緒問題，因為我希望能跟你們更親近；同時我也希望能與自己的內心更趨於一致，更自在地做自己。」

如何知道悲傷已經平息？

悲傷永遠不可能完全消融或徹底解決。有時候，你可能需要繼續去體驗某種程度的悲傷、失落或痛苦——也就是情緒浪

潮。當你反覆用悲傷更新技巧的問題來問自己時，你對特定經驗的記憶、體驗的強度，以及它對你整個生活的影響，都會隨之改變。從此，悲傷不會再削弱你的力量或阻止你前進，也不會干擾你，或讓你喘不過氣。相反的，你將有能力去認可這些記憶，並承受其中的悲傷或其他淹沒你的強烈感受。悲傷會從一種淹沒你的痛苦情緒，轉變為一種溫柔的提醒——對痛苦及失落的認可。然後你就能繼續你的生活，把注意力放在現在。

那麼，你如何知道某些記憶的悲傷已經消除了，或者說對於這段記憶的消融工作什麼時候才算大功告成？到了這種時刻，你應該會體驗到：

◆ 你意識到事情似乎已步入正軌。

◆ 在你突然領悟的時刻會潸然淚下或覺得份外平靜，這意味著你的理解和經歷正在整合。

◆ 情緒越來越少被觸發。

◆ 情緒反應越來越溫和、平淡，無論是對於過往的經歷或是現在的類似事件都如此。

◆ 當你被（特定的人或情境）觸發時，或是當你發現某個過去的問題或劇本再度浮現時，你都有能力主動回應，而不是只能被動反應。

◆ 能夠帶著慈悲心去看待自己和過往的經歷，並一笑置之。

◆ 有能力辨識出某些人生腳本或主題（例如，面對一個新的情境和新的人物時，能夠辨認出模式與過去的腳本或關注的主題有關）。

◆ 當同樣的情境重演時，能夠做出有別於小時候的回應（例如，能夠設下界線，拒絕別人用某種方式跟你說話）。

◆ 對於遭受的痛苦經歷有更高的覺知與洞見，明白正是那些痛苦造就了現在的你，也將會形塑未來的你。

悲傷帶給你的餽贈

走出悲傷意味著理解過去的記憶（亦即你的人生故事），也理解和那些記憶有關的痛苦。一旦你度過了情緒上的痛苦，你想疏遠的人生事件、情境或人生插曲，就會轉變為一種融入你內在、更有意義的生命體驗，影響你述說人生故事的方式。這些事件剛發生時，你曾經想抗拒的那些感受，現在反而幫助你走上寬恕之路。

然而，你不能只是告訴自己：「把這些不好的事情都扔掉。」這樣做，痛苦並不會消失，因為消融痛苦不像出門丟垃圾那麼簡單。要真正走出悲傷，你必須面對這樣的事實：做過的事不能挽回，沒做的事不可重來。

> 要真正走出悲傷，你必須面對這樣的事實：
> 做過的事不能挽回，沒做的事不可重來。

想要擁有情緒的掌控度及幸福感，走出悲傷是最關鍵的一步。你將因此釋出憤怒、痛苦、嫉妒和怨恨，並且減少情緒反應，成為一個慈悲的觀察者，重新看待那些觸發你的事件。你將會發現，你變得更自動自發、更活在當下，也更有自我覺知，以及更了解自己。這樣的你有能力去感受及生活在當下的體驗中。

好好運用悲傷更新技巧。根據我的經驗，我知道它確實能改變人們的生活。處理好這些悲傷，等於是敞開自己去迎接歡笑和快樂；而原諒別人，就是在跟內在的自己、其他人建立更深的連結。

> 處理好悲傷，等於是敞開自己去迎接歡笑和快樂；
> 而原諒別人，就是在跟內在的自己、其他人建立更深的連結。

要知道，面對內在真實的聲音，是唯一能讓你和自己處於正確關係的方式，也是唯一能帶你從內在找到更多愛的方式。這樣做，你將體會到內在的寧靜與平和，也能讓你更愛自己。你越是能真實地活在當下，就越能自由地打造自己喜歡的生活。

提高自信與情緒復原力

　　塔莎今年三十八歲，剛接下一個壓力極大、備受關注的管理職。在我們的對話中，她提到自己非常焦慮，這嚴重影響了她的工作與人際關係：「我討厭改變，我討厭冒險。」我告訴她，只要她繼續堅持生活中的所有一切都要維持不變，焦慮程度就會不斷攀升，情緒彈性也會一直往下降。她想要的「不變」，是不可能的事。塔莎依然很抗拒，不願意放下維持現狀可以降低壓力的想法。最後，我說：「妳的人生沒有任何一刻是重複的，任何一秒也不可能重新來過。事實上，生命的本質就是改變。生活就是每天不停解決各種挑戰和問題、應對各式各樣的變化，而不是恆久不變的日常。」這番話終於讓塔莎願意改變自己的觀點，從原本的固執死板，轉而用更開放的心態去面對不確定和不斷變化的情境。

　　塔莎的焦慮，很可能是為了轉移對八種不舒服情緒的注意力。如同我們在第 5 章討論到的，要面對未知和不確定性，就意味著要容忍不熟悉與意外。以塔莎的例子來說，則是感到脆

弱，以及處理預期會出現的失望。關於失望，她需要克制想去掌控的念頭。一旦塔莎意識到，脆弱和失望會破壞她的情緒平衡，就會從另一個角度來思考「改變」。

⌒ 正確心態，讓你握有一手好資源

塔莎的轉念，是從「被動過著預設的人生」轉變為「主動打造自己的人生」不可或缺的元素。但「打造自己的人生」，並不表示一切都會按照你想要的方式發生；而是意味著，你對想創造出什麼樣的生活有自己的想法，並願意承擔風險去追求，同時你會足夠堅強，無論發生什麼事，都能從中創造出意義。要做到這一點，你必須保有彈性，能夠隨時視情況調整。

> 生活就是處理各種不斷的變化，
> 而不是一成不變的日常。

彈性與適應力

大多數人都希望生活穩定，認為可預測的、一致的日常規律，能幫助他們更有安全感，覺得生活在這個世界是安全的。

然而，生命的自然節律還是會發生可預期的變化：小孩會長大，會離家去參加夏令營、上大學、工作或結婚；人際關係的狀態也可能改變，就業與職涯也可能出現變化；每個人也都有可能失去父母或其他深愛的人。

雖然大多數人都期望也偏愛安穩的生活，但少了重要的變化，會讓我們在安全的假象中變得麻木。當所有一切是穩定且可預期的，長久下來，很容易就會認為，現狀就是生活的默認設置。花點時間想想，生活可能會在瞬間就發生變化：突然的意外事故、生病都可能改變你的人生道路；龍捲風、地震、火災、洪水等天然災害，不只可能摧毀家園，還會奪走性命；而人為的口舌侮辱和實際的肢體傷害，更可能抹煞及摧毀了你曾經的努力或認知到的一切。一切，都可能在瞬間風雲變色。

我就有過這樣的經歷。有一段時期，所有曾經為我帶來穩定、所有可稱為正常的東西都消失不見了。當時，我任職的大學重組了我工作的部門，有三個職務被裁撤，我的職務就是其中之一。丟掉工作已經夠難受了，當時的我還面臨分手，讓事情變得更複雜。我和伴侶同居，因此結束關係，也意味著我連家也沒有了。

所有最常被用來定義身分的元素──工作、親密關係和家庭，轉瞬之間都消失了。那時，我明白了三件重要的事。第一，變化才是常態，而不是穩定。第二，安全感是一種錯覺，

過去我相信生活中所倚賴的外在事物會一直存在，這樣的想法需要打個問號。第三，既然沒有任何事物可以證明我的身分，那麼你看到什麼，就是什麼。換句話說，我擁有的就只有每個當下，以及我自己；而我能給予的，除了這樣的我，別無其他。

> 安全感是一種錯覺，事實上，生活中的所有一切
> 都可能瞬間就風雲變色。比起依靠外在事物，
> 你更要信任並仰賴你內在的某些特質。

擁有穩定、可預期的生活是美好的，那絕對是我最喜歡的生活方式。即便如此，要能成功應對生活的挑戰（尤其是痛苦的挑戰），必須發展出體驗並有效管理不確定性和改變的能力；而這通常需要信心和復原力。

開放的心態與好奇心

情緒復原力是羅森伯格情緒更新技巧最主要的成效之一，我們可以把它想成是一種情緒彈性。這是「彈回」到原來狀態的能力[1]，儘管這多少跟你在特定情境下帶入的資源有關（例如情緒、社會或經濟資源），也和你從小到大生活經驗（例如創傷或悲劇）的艱困程度、發生頻率及時間遠近有關。不過，

情緒復原力還可以放在更廣泛的背景來看，因為當人們面對逆境或挑戰，例如追求長久以來的目標或夢想，這種回彈的韌性是必不可少的。情緒復原力能幫助你發展出度過變化、有效管理變化的能力，讓你能夠做出想要的選擇，承擔必要的風險，在人生道路上往前邁進。

情緒復原力的第一個要素，就是認知到生命的本質是動態的，不是一成不變的。我要強調的是：你要以開放和好奇的人類天性去重新認識生命，永遠對變化抱持著尊敬和覺知，同時致力於發展能幫你應對並有效管理生活變遷所需要的資源。要知道，最大的穩定感和安全感，是來自你心裡對擁有豐富資源的篤定，而不是坐擁外在世界的金山銀山。

> 最大的穩定感和安全感，是來自
> 你心裡對擁有豐富資源的篤定。

抱持開放且正向的態度，就能發展出情緒彈性及情緒力量來面對變化的突襲。盡情去體驗及享受規律的、可預測的、安穩的現實生活，但要記住，它們不會永久不變。用感恩的心去享受歲月靜好的日子，但唯有接受生命無常的本質，你才能發揮最大的潛能。你要做的是，最大化你的能力、時時抱持著好奇心，這樣一來，即便挑戰猝然而至，你都能有效應對。

> 用感恩的心去享受歲月靜好的日子，
> 同時培養面對挑戰的彈性及適應力。

　　生活不會總是美好的，隨著年紀增長，我們發現人生的傷痛清單越來越長：失去朋友或家人、失去金錢、失去健康、失去家園、失戀、失婚，甚至讓生活一夕崩毀的一張醫院診斷書。面對生命傷痛，沒有一個人能免疫。然而，日子終究要繼續，你如何從這些經歷恢復過來？如何善用資源和決心去面對新的一天，甚至邁步向前？

　　數十年來，研究人員做了大量關於壓力和應對策略的研究。近年來，在正向心理學運動的推動下，心理學家開始探討正向的人性本質，例如性格優勢、美德、希望、對生活的投入程度，以及整體的幸福感。研究人員從幾種不同的心態和技巧切入，想探討有助於培養情緒復原力的因素有哪些。

　　他們的研究包羅萬象，從正面情緒[2]到堅毅的個性[3]，從成長型思維[4]到堅忍不拔的意志力[5]，不一而足。然而，當我們仔細來看，就會發現大部分的心理學家談的都是與心態、思考方式（例如樂觀主義）以及你如何面對困境有關的因素。其中一個研究人員認為，正向情緒（例如懷抱希望）能拓展一個人的心態[6]，有助於個人成長和增強情緒復原力。不過她也指

出，如果能從「逆境中獲益」[7]，或者像其他研究人員所說的，從逆境中找到正面意義[8]，可能會帶來更大幅度的成長和復原力。在關於堅毅個性的研究中，也得到了類似的結論。該研究主要針對的是，什麼樣的人會在壓力情境下崩潰，而什麼樣的人會奮起。同樣的，兩者的差別就在於誰能專注於解決問題、擁抱新觀念，以及把改變視為一種正向的挑戰[9]。

　　成長型思維模式的人會相信自己可以更好，他們在遇到困難任務時更容易堅持到底，推動自己走出舒適圈；當努力有回報時，他們就會更投入[10]。成長型思維模式能幫你發展出心理學家安琪拉・達克沃斯（Angela Duckworth）所說的「恆毅力」（grit），這樣的人會為了某個對自己來說有意義、有使命感的目標長時間興致不減地投入。達克沃斯提到，培養恆毅力需要熱情、毅力及每日不間斷的練習，透過日復一日、年復一年的堅持不懈[11]，帶著頑強的決心堅持完成特定的任務或追求目標，不會被任何事物分心或妨礙他們完成目標。

　　顯然的，情緒復原力很大程度上與你的態度有關，也和重新建構生命經驗的能力有關。哥倫比亞大學師範學院的心理學教授喬治・伯蘭諾（George Bonanno）認為，理解事件的角度是培養情緒復原力的關鍵[12]，例如把創傷看成是學習成長的機會。事實上，伯蘭諾教授把痛苦的生活經歷稱之為「潛在的創傷事件」，取決你將它視為創傷或機會而有不同詮釋。他也認

為，回彈的能力是成人世界必備的基本能力。這對大部分人來說是個好消息，因為我們可以透過正向思考來學著讓自己不那麼脆弱。

研究也指出，打造情緒復原力的態度和技巧是可以學習的。復原力不是一種特質，而是一套可以被研究、操作、擴展和培養的技能組合。就像任何技能一樣，當你使用的頻率越高，力量就會越強大。正向情緒、堅毅的性格、恆毅力、成長型思維模式，以及有目的性地重新建構經驗和事件的能力，以上這些都與構成情緒復原力的基本概念有關。

轉念，換個角度更健康

要培養情緒復原力，你必須重新定義你的人生經驗，並改變你對它的看法。如果你相信現在一切都糟透了，未來一樣也會這麼糟，那還有什麼理由要堅持撐過這些充滿失望、挫折、痛苦的人生困局呢？然而，如果你能有意識地轉念，承認這些生命挑戰將會為你帶來成長、機會及有益的可能性，就能更篤定地去培養情緒復原力來面對任何阻礙。

遇到痛苦挑戰時，構成情緒復原力的心態、意圖及行動就能派上用場，幫助你回彈到原來的位置，或甚至比原來的情況更好。這些資源也可以幫助你堅持不懈地追求長期的目標或夢想。

展現你的情緒復原力：態度、意圖及行動檢查清單

　　以下每一項都是高情緒復原力的人會有的表現。請在你已經具備的項目前打勾，而在你有待培養的項目前畫圈。

◆ 生命中的每一個經驗都可以成為我學習的機會。

◆ 我具備「成長型思維模式」，也就是我相信自己會變得比現在更好。

◆ 成長是我關注的焦點，面對的每一個挑戰都是我學習和成長的機會。

◆ 我知道我可以重新建構自己經歷過的挫折，把它們視為積極的挑戰。

◆ 我願意體驗生命中不熟悉、不確定、不愉快及不舒服的部分。

◆ 我樂於挑戰自己，走出舒適圈去承擔必要的風險。

◆ 我了解痛苦是成長及進化的一部分；雖然我不喜歡經歷痛苦，但我歡迎伴隨而來的成長。

◆ 我相信我的付出和經歷，和我能取得的成功同樣重要。

◆ 失敗只是一次不成功的嘗試，是學習的機會，也是成功之路的一部分。

- ◆ 犯錯與挫折是我曾經行動過的證明，是我正在進步的象徵，也是對我能否實現目標的考驗。它們不等於不足或失敗。

- ◆ 我知道自己曾經面臨及度過其他困境，我可以記取這些成功的經驗，將之用於現在的挑戰上。

- ◆ 我帶著好奇心和開放的心態來面對生活；我的本能回應是好奇，而不是批判。

- ◆ 我抱持樂觀的態度。

- ◆ 我和積極、樂觀及（或）開朗的人交往。

- ◆ 我有幽默感，並且有能力在面對困境時運用幽默感。

- ◆ 我有能力將文化、宗教信仰或靈性修持當成支持自己的資源。

- ◆ 我懷抱著正面、善良及良好的意圖去與人接觸。

- ◆ 我知道變化是生命的常態，我希望在面對變化時能保有彈性及適應力。

- ◆ 我有規畫並解決問題的能力。

- ◆ 我正在做我認為有意義的事。

- ◆ 我有超越個人需求的更遠大目標。

- ◆ 我能看見未來的願景。

- ◆ 我致力於追求需要紀律、耐心及持久力的目標和夢想。

- ◆ 我追求卓越、精益求精。

◆ 我相信自己有能力去體驗並表達不舒服的情緒。

◆ 我擁有豐富的資源，知道在需要時可以請求家人、朋友和同事的協助。

◆ 我有能力為他人提供支持和幫助，並以此來增加我的情緒復原力。

◆ 我有冥想、寫日記、聽音樂或祈禱的習慣。

◆ 為了達到目標和夢想，我抱持「永不放棄」的態度。

◆ 我會堅持不懈，因為那是面對挑戰、造就成功、實現夢想的一個必要條件。

---

* 在我的網站 www.DrJoanRosenberg.com/resources90/ 還有更多的表格、引導式練習與相關資源。

在哪裡跌倒，就在那裡站起來

　　考瑞是二十五歲的職場新鮮人，在娛樂產業的技術部門工作。他到我的辦公室來尋求協助時，正在為嚴重的焦慮和恐慌症苦惱。這是他人生中第二次面對這麼嚴重的情緒襲擊。對話中我了解到考瑞的第一次發作，是在大學畢業後到開始第一份工作的那段時間。那幾個月裡，有些日子考瑞完全無法工作，他無法出差、也無法和家人一起去度假，被恐慌症折磨的他失

去了正常生活的能力。現在，他又開始有好幾天無法上班了。考瑞不希望情況再繼續惡化下去，不希望最後嚴重到失控地步。我在整個療程中，幫助他培養體驗並度過不適情緒的能力，也用了幾種其他策略，但考瑞的焦慮仍有部分一直無法徹底消失。

有一次，我問考瑞有沒有玩過滑雪板。他笑了一下，大聲地說：「有！」接著我請他談一談滑雪的經驗。原來，考瑞從四歲就開始滑雪，十二歲開始參加滑雪競賽，並持續了整個青少年時期。

「你有滑過專業級別的雙黑道嗎？」我問他。

他再次熱切地大聲說道：「當然有！」

然後我又問他：「那麼，當時那個滑雪健將去哪裡了呢？」

接下來我們所做的事大致如下：我幫助考瑞從曾經展現自我力量的那些經歷中擷取了一些經驗，這是他仍能想起並引以為傲的那個無所畏懼的自己，而不是現在害怕或焦慮的自己。只要找到內心那個充滿自信、資源及復原力的自己，他就能開始感覺到強大、有活力、有競爭力、有動力、興奮，並願意承擔風險。

每當考瑞又開始焦慮時，他就可以回到那個「滑雪健將」的自己，用他克服險峻山路的無畏無懼的勇氣，去面對內心的焦慮和恐慌。

關鍵在於，重新拿回你在生命中曾經展現的力量，那些生命經驗也是你的一部分。你可以召喚這樣的自己，而不是扮演著頹喪、自我貶抑的角色。有時候，我們的大腦可能太過恐慌而無法採取任何行動。在這種情況下，重要的是提醒自己，你曾經有過成功突破的經驗，無論這些經驗看起來多麼微不足道。你在過往展現的情緒力量，會幫助現在的你重建情緒復原力。

> 你在過往展現的情緒力量，
> 會幫助現在的你重建情緒復原力。

　　二十二歲的琦拉是大四學生，因為被要求在期限內完成畢業論文而被壓力壓垮了。她感覺自己的情緒完全癱瘓，甚至連簡單的日常小事都無法完成。跟考瑞一樣，琦拉在童年和青少年時期也是競賽好手（專長是游泳和武術）。

　　透過汲取這些過往的人生經驗，喚醒了琦拉參與這些競賽時的那股衝勁，她從生命歷史中那個堅持不懈、驍勇善戰的自己，找到了重新調整重心的勇氣，也克服了被沉重壓力壓垮的感覺。於是，琦拉又回頭去寫她的畢業論文，並如期完成。以往堅持挺過困難、完成艱困任務的那段記憶，幫助她重新回到了生活正軌。

　　如果你過去從來沒有過類似的勵志經驗，可以參考瑪莉·

莫瑞賽發人深省的這段話，這也是我最喜歡的一段話[13]。你還記得第一次學走路嗎？大部分的人應該都不記得，年幼的自己是怎麼學會這項技能的。不過，你很可能會記得自己曾經跌倒無數次，然後終於學會掌握平衡、協調雙腳，直到可以順利移動到任何想去的地方。這就是跌倒後站起來再試一次的美妙之處，你從來不會跟自己這樣說：「好吧，我想我可能注定不會走路了！」

相反的，你會站起來、繼續嘗試，直到你學會走路。你永遠都可以喚起學習走路的決心，把它當成你的資源，應用到生活中的各個面向。你天生就注定要成為一個不斷超越自己的人。

筆記 **10**：你的冒險、競爭力和堅持到底的特質

在你早年的生活中，有過什麼身分讓你展現好奇、不畏艱險、勇於冒險、孤注一擲、競爭力、力量或不屈不撓的態度——無論你失敗過多少次？想想你曾經完成的重要挑戰，或勇於實現的目標（把高中念完也算）。汲取這些記憶，再一次重新經歷當時的感受。把當時那個更年輕的你，以及你在他身上見到的珍貴特質寫下來。當時，你是怎麼有毅力堅持下去的？你如何把這些力量、態度和特質，都轉移到現在的生活和你身上？

失敗與冒險，先解構再重建

　　很多人都談過失敗，也談過應該怎麼看待失敗，尤其當它影響到我們追求成功的時候。博恩·崔西（Brian Tracy）是知名的商業及個人成長領域的專業演講家及培訓師。他經常說，如果你想要成功，那麼「越早失敗越好」。當然，他和其他無數談論成功與動機的演講者一樣，明白失敗更像是帶著學習及教訓而來的一次失誤。也因此，失敗只是學習的機會。

> 失敗＝學習的機會

　　然而，真正讓人們止步不前，無法下定決心追尋目標的，通常是對於失敗的恐懼。我認為「恐懼」（更精確地說是焦慮）更像是對暴露自己脆弱一面的不適感，而不是真的恐懼或焦慮。當人們不能達成目標或完成任務時，這種不適感會變本加厲，從「我失敗了」轉而認為「我是個失敗者」。

　　這樣的說法在多個層面上都存在問題。首先，是對「恐懼」這兩個字的誤用，因為像這樣的情況，幾乎不會有立即可見的生命危險或威脅。第二，當說法從「我失敗了」變成「我是個失敗者」，就意味著當事者陷入了錯誤的思考模式，出現錯誤的情緒算式、情緒迴避／轉移注意力，以及嚴厲的自我評

判──做「錯」事，等於我是個「糟糕」的人。一旦人們這麼想，最常見的結果會是：感覺更糟糕，於是停止追求原本想要的目標。這種思維方式，會限縮你建立自信及情緒回復力的可能性。

簡單來說，失敗通常會被理解為沒有達到想要的目標。然而，不少人會在第一次嘗試失敗就縮手，停止追求他們的目標。因此，我們可以重新定義「失敗」為：失敗是沒有達到想要的結果，特別是第一次嘗試時。

不過，無論是哪種定義，都無法真正抓住失敗的精髓。對於失敗的擔心（或恐懼），通常不是因為你為了實現目標而必須採取什麼行動，更多的是擔心採取行動後可能會帶來不想要的情緒反應。事實上，我認為失敗是難以忍受結果不如預期時，內心生起的不舒服感受，尤其是第一次嘗試時。你之所以不願再嘗試，也是因為不想面對萬一失敗可能會出現的那些不適感。於是，這又繞回到處理八種不舒服情緒的問題。這時，就像處理焦慮或很難開口的情形一樣，你可以運用羅森伯格情緒更新技巧來度過九十秒的情緒浪潮。每次你使用這個更新技巧，它就會幫助你發展出「我有能力處理」、「我能從難受的情緒回復過來」的信心。

我們無法擺脫一個事實：無論在任何領域，通往成功或夢想成真的道路，總會有失敗相隨。然而，我們有能力可以決定

自己是否一次次用正面的方式重新去建構失望和挫折，讓這些失敗的經驗成為我們前進和成長的印記。

　　經歷挫折和失去的那些時刻，也是激勵成長的時刻。如果你能把逆境看作是正向的挑戰，而不是不可逾越的阻礙，你在處理問題時就有更大的彈性，也會更好地應對逆境，並從這段經驗中學習與成長。

　　這個重新建構的過程很重要，因為當你把困境視為威脅而不是機會時，事件或情境往往會拖得越久，而正在經歷的當事者更有可能受到負面影響。

　　面對並度過因為結果不如所願而生起的不愉快情緒，可以培養自信及情緒彈性，讓你能更有效地處理失敗。一旦發覺自己有能力處理悲傷、羞愧、無助、憤怒、難堪、失望、沮喪與脆弱的不適情緒，你就可以追求生活中想要的任何東西，而不再擔心一次失敗就讓你裹足不前。

　　讓一個人得以勇於冒險、不再感到「被困住」或被生活壓垮的能力，也是以類似的方式運作。許多人不敢冒險，因為擔心要是結果不如預期，由此產生的不適情緒會讓自己無法承受。但認真想想，冒險和堅持其實就是一種面對憤怒、失望和挫折的能力。

　　很顯然，處理不舒服情緒的能力，是讓你能夠追求夢想、採取行動、承擔風險，最終堅持達到預期目標的核心能力。當

你願意冒著受傷風險而勇於一試時，這樣的人格特質也會讓你從挫折中恢復過來。把每件事都視為學習的機會也是同樣的道理，尤其是遇到阻礙的時候。我很早就明白，現在不如所願的結果，通常都是我日後可以跟人訴說的精彩故事。這樣的領悟，幫助我在追尋任何目標時，能夠一直堅持下去。

完美主義者的心理運作狀態，與害怕失敗、感覺「被困住」很類似。很多人都渴望完美，或者說自己是個完美主義者，但當被問及什麼是完美時，卻說不出完美是什麼樣子、什麼聲音或什麼感覺。他們只是在追尋一種難以定義、難以捉摸的理想。想想狗兒追著自己尾巴跑的樣子——牠永遠不可能抓到自己的尾巴。

同樣的，力求完美所做的努力也是為了讓自己不感到悲傷、憤怒、失望、挫折或難堪。相反的，如果你追求的是精益求精，或只是把注意力放在盡力做到最好，那會怎麼樣？然後，在這樣的基礎上再更上一層樓，又會如何？

大膽實驗、勇於探索；保持好奇，不畏懼脆弱、難堪或尋求協助。試著再多跨出一步，看看會發生什麼事。去追求你要的，不要停下來。

情緒復原力是透過什麼方式，幫助你積極創造並參與建構你的理想人生？當你能夠和最難捱的情緒和諧共處，就會知道無論採取什麼行動，你都能從任何結果恢復過來。這樣的特質

是你努力打造一個理想人生的必要燃料，一個你熱愛的、欣欣
向榮的人生。

追求成長，打破固有模式

集科學家、講師和作家於一身的喬・迪斯本札（Joe Dis-
penza）博士經常說，每個人都會隨著時間陷入多種儀式性的
行為模式（例如早上刷牙洗臉的衛生習慣），我們用思考的方
式來感覺，又用感覺的方式來思考。這樣的情況如此頻繁，基
本上我們的個人習慣就是如此養成的。因此，一旦你想要成長
和改變，你的思考方式就必須超越你的感覺[14]——想像你想成
為什麼樣的人，而不是你現在的樣子。這將會打破你長久以來
的行為模式，就是這些模式形塑了現在的你。

你現在的所有感覺和習慣，以及一直以來的生活與行為，
將你牢牢禁錮在一個熟悉和舒適的自我中，這應該是很多人所
不樂見的。你是誰？你如何定義現在這個自己？花些時間想
想。你是否迴避過自己的感受，或是陷入負面思考中？如果是
的話，無論如何，這個人就是你熟悉且覺得舒適的自己，那個
你用習慣的言行舉止呈現出來的自己。從大腦的放電模式，說
明這是千真萬確的。

你想繼續做現在的自己嗎？一個習慣不斷重複、一遍一遍

重演的人？如果不是，讓我送給你一個好消息：任何一個新想法、新感受或新的行為，都會讓你成為全新的你，一個持續成長、活力迸發的你。

想一想迪斯本札所說的[15]，腦袋裡的想法是大腦的語言，而感受是身體的語言，那麼要改變你的想法、你體驗事物的方式和表達感受的方式，對重塑一個新的你來說，就是至關重要的事。它需要你用新方式思考、產生新的感受、採取新的行動，以及獲得新經驗。你的這些新選擇有可能一開始會讓你感到不熟悉、不舒服，但是每一次當你去體驗並表達真實的自己，克服舊的消極想法及錯誤的思考模式，就是在為自己創造一個新的存在狀態。

自信是一種被不斷具體化的經驗，只有透過反覆的思考、行動和感受才能打造出來，此時心智中的信念和身體經驗會交織在一起。在此，我建議你把自信想成是：對自己有能力也有資源深信不疑的一種體現。你能在情緒上體會到自信，是因為你的身體真的「感覺」到了這一點——而這一次，是以一種「好」的方式來體驗。你可以把自信視為一種「我做得到！」的實際感受。

> 自信是一種關於「我做得到！」的實際感受。

現在，我們要把這種「我做得到！」的感覺，帶往下一個層次——一個能幫助你成長的地方。

請求協助可以為雙方的情誼加分

很多人告訴我，非到萬不得已的情況，他們不想依靠別人或請求協助，因為擔心自己的麻煩成為別人的負擔，也不想因為被對方拒絕而感到失望、難過，或覺得被辜負。你是否也經常這樣想？

雖然聽起來矛盾，但經常被人們視為強大力量象徵的美國軍隊，卻是說明如何處理情緒、脆弱感和自動請求協助的絕佳例子。當美軍開拔到一個新地區開始任何軍事行動前，負責戰略及規畫的人員會把所有的漏洞和弱點先想過一遍。一旦他們認定某個地區存在威脅，而部隊現在無力處理時，就會安排援助，為現有的資源或力量補強。他們可能會召來工程師、危機處理小組、特種部隊、偵察小組或步兵，提供額外的支援和協助。有趣吧？這種識別出缺陷、承認「弱點」的動作，卻讓軍隊變得更強大——而前提是他們願意採取行動，去處理這些潛在的弱點。

你也是一樣。在你追求個人成長的路途上，記住以下三個事實非常重要：

◆ 開口請求協助不是增加別人的負擔。

◆ 請求協助會讓你變得更加強大，獲得更多的情緒資源。

◆ 請求協助是對傾聽者的讚美，讓你的朋友更加重視你以及你們之間的友情。

　　換位思考一下。有人曾經詢問過你的建議嗎？當你收到這樣的請求時，你的情緒反應是什麼？你喜歡被求助的感覺嗎？你是否覺得自己的意見或許很重要？你覺得對方重視你嗎？你是否覺得被尊重了？

　　當你伸出援手（例如幫忙搬家、幫忙照看小孩或跑腿），或者提供指引和建議時，你是不是感覺和這個點頭之交、朋友或家人的關係更親近了？如果，你這方面的經驗通常都是正面的——我們多數人都有過別人真心向自己尋求建議或看法的時候——那麼，收到請求的感覺更像是一種讚美，表示你是對方（你的家人或朋友）信任的人。收到協助的請求可以提升自我價值，也可以為雙方的情誼加分。

　　請求協助，確實是對他人的一種讚美。這樣的觀點，能讓你在真正需要的時候願意開口請求協助。你不是在增加他人的負擔，而是認可對方的重要性和能力。除此之外，當你請求協助時，不僅會讓你感到自己擁有豐富的人情資源，你們之間的連結也會加深。

> ### 筆記 11：請求協助
>
> 　　你是否認知到自己的需求和局限？你會在需要時尋求他人協助嗎？接受別人幫助時，你有什麼感覺？當你開口求助時，會改變你們之間的關係嗎？你明知道自己會因別人的幫助而受惠，卻不願意開口，你是怎麼想的？得到你真正需要的協助後，你會做出不同的行動或決定嗎？

　　尋求幫助，是把脆弱轉化為情緒力量與自信的一種方式。既然我們一直在講人類天性中就有依賴及脆弱的一面，接下來讓我們來談談信任，以及它和情緒力量的關係。

重新建構你的信任感

　　多數人會把信任看成是人際關係的一種體驗，或者是一種關係紐帶。人們通常用這樣的話來形容信任：「那個人真的值得信任」、「她說的話，我一個字都不信」、「我不確定我是否要信任他」，或是「我無法信任他」。

　　在此，我希望你能針對以下兩點想一想。首先，我認為信任是一種存在於你之內、和你有關的體驗，而不是你和他人之間的事。換句話說，關鍵不在於你是否信任某個人，而在於你

310 黃金 **90** 秒情緒更新 90 Seconds to a Life You Love

是否相信自己能夠處理可能發生的情況，即使最後結果不如你
所願。所謂的信任自己，指的是你知道無論在什麼情況下，你
都有能力應對所有可能出現的情緒（沒錯，就是悲傷、憤怒、
失望那八種不舒服的情緒），即使結果不是你想要的。換句話
說，信任是跟你對自己的信心有關，也跟你對自己所擁有的能
力及復原力有關。

第二，如果你把信任（trust）替換成相信（believe），會
如何？例如把「我無法信任他」，改成「我不相信他」。我認
為，只是簡單地替換一下用語，你內在的體驗就會完全不同，
這和「信任」這兩個字的真正含意有關。在此，信任或信任自
己，可以詮釋為你相信自己是有能力的、資源豐富的，有自信
且能從強烈的情緒中回復過來。

> 情緒力量＝有能力且資源豐富＝有自信＝信任

那麼，你如何培養信任（真正相信）自己的能力呢？方法
如下：

1. **從他人對你的重視，體驗到鼓勵和強化自信**。最理想的
   是，這種情形從幼年就開始，並一直持續下去——光是
   你的存在，以及你的「存在」帶給他人的喜悅和快樂，

就能幫助你更加珍視自己。顯而易見的，這種情況並非每個人都能有幸擁有，從上一章我們的悲傷主題就能看出來。

2. **掌握知識或發展一種以知識為基礎的專業能力**。閱讀和學習都能幫助你在一個或多個領域逐漸建立並發展出專精的知識及能力。你的競爭力越高，自信心就越高。這是一個正向成長的無限循環。

3. **盡可能時時刻刻去體驗當下**。這意味著，你要去覺察、認可、體驗並信任八種不舒服的情緒。在事情沒有按你想要的方式發展而產生不快的感受時，允許自己走向痛苦並度過不適的感覺，如此就能建立起你的情緒力量。

4. **表達自己**。光是說出口，就會為你帶來改變。當你可以自由且真實地將心裡的想法、感受、信念、價值觀、顧慮和夢想表達出來，你會更有自信，也更了解自己。請帶著正面、善良、良好的意圖，來表達真實的你。

5. **採取行動**。採取行動或承擔風險，可以建立起自信心。光是付諸行動就能提高你的自信。正如許多個人成長教練所說的：重點不在於是否達成夢想或實現目標，而是在這個過程中，你成為什麼樣的人。

6. **大方接受讚美**。重點在於把別人對你的讚美和認可真的聽進去，吸納、整合成為你言行舉止的一部分，展現那

些最棒的個人特質，成為你「自我意識」的一部分。

堅若磐石的自信心需要靠時間一再沉澱才能形成，相反的，有些讓你改變對自我認知的體驗，卻可能比你想像的更快更容易就做到這一點。是什麼讓人們相信自己可以更有效地掌握人生？答案是：相信自己具備強大的情緒力量是最主要的關鍵，接著是為自己發聲、採取行動，以及收下讚美。最後，我們要來了解一下讚美在打造及維持自信心上，扮演著什麼樣的重要角色。

你選擇的感覺，決定了真正的體驗

在很多方面，讚美和嚴厲的自我評判，就像硬幣的正反兩面。原因有許多，例如嚴厲的自我評判是一種消耗，而讚美則是一種補充。不過，嚴厲的自我評判所消耗的量，要遠多於讚美能夠補充的量，因此一定會留下一定程度的虧空赤字。如果你經常嚴厲地批評自己，又不能大方地接受讚美，很快就會演變成大問題——一個注定的輸局，只會把你推向靈魂抑鬱之路。嚴厲的自我評判會奪走你的能量泉源，卻缺少任何資源可以替代。難怪你會感到孤單、焦慮、脆弱，或覺得筋疲力盡、

疲憊不堪。

　　學會接受真心的讚美，對於培養自信、活出真實的自己，以及打造想要的人生，都能發揮關鍵作用。

　　你會在別人讚美你時，馬上就透過貶低、忽視、用別種方式解釋或不重視，來拒絕接受讚美嗎？即使對方是真心的讚美，你是否還是會懷疑對方的用意？你是否曾經認為自己沒那麼好，不值得獲得這樣善意的稱讚或認可？或者，你曾經質疑過對方的真誠，認為他們只是表面上恭維，或者另有所圖？又或者，你只是不相信對自己的讚美是真的。

　　你可能會這樣想：「如果你認識真正的我，就不會這樣說了。」對許多人來說，這種反應就像第二天性一樣自然──然而，要是你從來不接受他人的讚美，那真的對你很不利。忽視或拒絕讚美，會讓你滯留在老舊的生命故事中，在這樣的故事裡，你經常重溫那些會削弱信心、情緒復原力和真誠的想法、感受、記憶及模式。

為何接受讚美這麼難？

　　大多數人不是很難接受真誠的讚美，就是乾脆拒絕。對此，可能的原因有很多，在下面列出的幾個原因中，請把跟你情況相符的原因打勾。

阻斷讚美的障礙

☐ 小時候，經常有人告訴你不可以隨便接受讚美，害怕
你會得意忘形，變得驕傲自大。

☐ 你慢慢長大，又被告知謙虛是美德，而驕傲是不好
的、不討人喜歡的。

☐ 你拒絕讚美，是因為你認為接受讚美會讓人變得驕傲
自負，或出現「大頭症」等類似情況。

☐ 你拒絕讚美，只是因為你不知道要怎麼回應。

☐ 接受讚美挑戰了你的文化或民族信仰，也違反了你從
小所受的教導。

☐ 你被教導說自己不配得到讚美。

☐ 你不喜歡成為焦點，一旦別人注意到你，你會感到尷
尬不自在。

☐ 你會給出虛假的讚美，因此認為別人也會這樣做。於
是，就算你收下他人的讚美，你也不相信那是真的。

☐ 你不接受讚美，因為你從小就被教導（現在也這樣認
為），關於你的所有讚美都是假的。

☐ 或許你認為自己不配得到如此的好話和好的回應。

☐ 你知道自己有吸引力、有能力、有才華，卻不想讓別

人知道，因此你不接受讚美，想讓自己看起來不在乎，或是減少存在感來降低對別人的威脅。

□ 你不接受讚美，是因為你在打「安全牌」：繼續看低自己，才不用面對自己的脆弱或招致他人的批評，即使這會阻止你全力發揮潛能。

□ 你選擇性地相信和自己有關的看法，並武斷地賦予嚴屬的自我評判更高的價值，從而對別人的讚美不重視或不屑一顧。

□ 你認為自己必須是完美的；由於你覺得自己「還不夠好」，沒有達到自己的完美標準，而且認為自己還可以更好，所以你拒絕或忽視讚美。因為這麼做，就能避免你對目前的進展或進步感到失望。

□ 人們的讚美和你對自己的看法不一致，因此你會覺得不可信（這可能是人們不接受讚美的最常見原因）。

怎樣才能讓你相信收到的讚美是真的？

事實上，你聽到的讚美，有可能精準地反映了你或你的工作成果。問題在於，如果你認為這些讚美和你當下認知的自我形象不一致，那麼再多的鼓勵也無法使你相信。如果你通常是人群中最安靜的那一個，你不說真話、不讓人看見你真實的樣

子，那麼一直缺席的真話和真正的你，就會導致在別人讚美你時，你會出現這樣的反應：「如果你認識真正的我，就不會這樣說了。」你在人前藏起真實的自己，你創造的這種假象就是為什麼你無法正確評估他人對你的看法，也無法相信來自外界的反應。只要你願意開口說出心裡的話，一切就能改變。

有很多人武斷地把收到的讚美當成是憑空捏造，甚至覺得莫名其妙。事實上，大多數的讚美都其來有自，不是空穴來風。你或你的行為，一定有什麼觸發別人說出這些讓你難以接受的評價。重要的是，你要改變對讚美本質的理解，這麼做你才能開始真正把別人的讚美聽進去，從而讓它們為你的生活帶來能量、新體驗、連結及價值。

收下來自他人的正面回饋，是九十秒情緒更新技巧很重要的一環。讚美帶給你的新訊息，就像是把軟體升級到最新、最好的版本。當你真正吸收、整合你收到的讚美，而不是直接拒絕它們，不僅能夠更新你對自我形象的認知，你也會活得更真實，對自己更有自信。

三十三歲的吉莉安是視覺設計公司的合夥人。打從學生時代，她就是個性開朗、聰明勤奮的好學生，不過她卻說，自己需要拚了命才能獲得想要的成就。她從來不認為自己是一個優秀的創意人才，即使她顯然天資聰穎、有獨到的世界觀，卻一直有「冒名頂替症候群」的困擾，擔心自己是個虛有其表的冒

牌貨，總有一天會被看穿。開始做設計之後，同事經常稱讚她有創意又聰慧；提案時，也經常從客戶和同事口中聽到一樣的話：視角獨特又能展現鋒芒！

　　當吉莉安來找我做心理諮商時，我讓她明白，這麼多年來她是多麼嚴重地忽視了人們給她的讚美和正面回饋，而對讚美的抗拒又是如何將她禁錮在已經過時的自我認知及評價中。後來她意識到，一直以來她都把自己當成剛入職時的樣子，即使她在業界早已小有名氣。吉莉安還指出，因為她沒有把這些讚美聽進去，於是不斷給自己施加壓力，導致精神及情緒更為緊繃。多年來她持續收到這樣那樣的讚美，最後她終於願意且有能力去聽見並收下這些讚美，將它們融入到她的自我觀感中。現在，她不僅擺脫了自己是個冒牌貨的想法，而且明白自己真的是聰明又優秀。這使得她無論在公事或私領域，都能更有自信地做選擇。

筆記 12：讚美

　　這些年來，有哪些讚美總是被你拒絕或不當一回事？是否有人說過，你總是刻意淡化或駁回某些內容？如果你能夠真心去體驗別人對你的回饋，對你的自我意識或自我覺知會帶來什麼改變？

　　生而為人，你不斷在進化，永遠有能力變得更好，尤其是當你有想追求的目標時，更應該這麼做。如果你曾經夢想成為某一種人，應該記住這一點：把對你的讚美認真聽進去、消化吸收，它們會成為你實現夢想的重要元素。一旦你能收下這些讚美及正面的回饋，就會開始相信自己正在成為最渴望成為的那個人；或者你甚至會意識到，你早就已經以你想成為的樣子活著。這是一個很棒的領悟，能夠為你帶來極大的信心。同時，這也是一個轉捩點，因為你真正意識到：你想要的樣子正自在舒適地待在同一副皮囊下。

> 一旦你能收下這些讚美及正面的回饋，就會開始相信自己正在成為最渴望成為的那個人；或者甚至會意識到，你早就已經以你想成為的樣子活著。

【練習】吸收正面回饋

1. 找一個安靜的地方坐下。雙手往前舉、掌側相連，就像捧著一本書閱讀一樣。用這樣的姿勢，看著雙手的掌心。
2. 做幾次深呼吸平靜下來，安住於心，集中注意力。現

在，想想人們曾經跟你說過哪些正面的話，不論是你最近聽到的，或是過去任何時間聽到的。無論是誰說的都沒關係，可能是家人、朋友、同事、同學，或甚至是你的孩子。每想起一句讚美的話，就停下來想一想那個人當時是怎麼說的，然後允許自己重新用心去感受。深呼吸，充分吸收每一個字，去體驗這些話語的真情實感。

3. 想像自己把這些正面的話語和記憶一個一個堆疊在你的掌心上，當你堆疊幾個之後，先停下來，再做幾次深緩呼吸，同時去接受並享受這些話語。完成後，再把雙手掌心放在胸口的心臟位置，再一次充分吸收這些話語。

4. 重複幾次這個過程。

5. 持續重複，直到你真正地完全吸收這些讚美為止。

那些你曾經以為遙不可及的體驗——愛、接受讚美、被滋養、被支持——現在都可以被你開放的心態溫暖地接收了。學會更自在地獨處，同時也學習更自在地依賴他人。因為我們既需要獨處，也需要依賴他人。只要持續使用這個技巧，你將會感覺自己更有能力（與內在的自己有更好的連結），並擁有豐富的資源（你和他人有更好的連結），這樣做會強化你的情緒力量，你會因此感到喜悅，明白你正在成為自己渴望成為的人。

⬡ 向上提升，晉級更好的自己

持續使用羅森伯格情緒更新技巧、為自己發聲、採取行動以及接受讚美，有助於鞏固你的信心。體驗八種不舒服的情緒而不被情緒浪潮沖走，這樣的能力會讓你感覺自己足以面對挑戰、面對自己脆弱的一面、承擔風險、請求協助，以及追求夢想。當你認知到自己的能力不斷在增進，將會讓你在自我成長的道路上走得更穩更遠。

敞開心扉請求協助，這麼做有雙重的好處：首先，你會覺得自己有豐富的資源；其次，你向他人求助，也等於是在讚美對方。依賴他人，原本就是人類的天性之一。允許開口尋求幫助或尋求他人的支持，可以深化成人世界所需要的社會連結。關懷、支持，以及充滿愛的關係是一種自我保護，有助於促進身心健康。

最後一點，請收下別人對你的讚美。正如我強調的，讚美能充實你的體驗，並幫助你更新對自我形象的認知。讚美還能鞏固你所做的正向改變，再次確認並肯定你為提升生活所採取的行動。請把讚美完全聽進去、放在心上，而不是漠視它們。如果你總是選擇忽視這些正面的證據，那麼何必還要一再付出努力來證明自己呢？

明白你有能力又有豐富的資源，不只是幸福感的關鍵，也

是情緒復原力的基礎。有了這些情緒力量，你更能夠堅持下去，即便遇到挫折和失望，也能茁壯重生。相信自己擁有豐富的資源，是讓一切變得不同的關鍵。它能提高你的自信和情緒復原力，從而讓你茁壯成長。

有能力思考，就有能力改變。

第 10 章

活出真實的自己

　　繞了一大圈，現在我們又回到了起點。你已經學會並練習了羅森伯格情緒更新技巧，用來幫助你時時和當下的感受與經驗連結，並充分地表達出來。我希望你能夠毫無壓力地接受及採用，而你所需要的只是一個決定：有意識地去體驗你的感受，而不是迴避它們。我希望你已經看出，為什麼這八種不舒服情緒是隱藏在自信、情緒復原力和真實自我的一條主軸及一股驅動力。同樣的，我希望九十秒的情緒浪潮能幫助你認識到，你確實有能力去處理這八種不舒服的情緒。

　　如果你能成功駕馭由這八種不舒服情緒的其中一種或多種所帶來的九十秒情緒浪潮，你就能追求任何你想要的人生成就，也能帶領你走向更充分表達自己、更鮮活人生的道路。這就是我們現在所做的：認出還有哪些元素將在最後階段為你帶來力量，幫你創造自己喜歡的生活，亦即我在本書第 1 章開頭所說的「還要更多」的意思：超越自我，你將會活得更有樂趣、更有意義。

　　那麼，我要怎麼幫你獲得更多、變得更好呢？請再想像一下，你想成為什麼樣的人，以及你想發揮什麼影響力？現在就開始按照這個版本的你生活吧！帶著明確的意圖去選擇，依循豐富的靈感去行動，朝著你的目標和夢想往前邁進。

　　想像你帶來的影響，做出有覺知的選擇，然後開始採取行動──三個步驟將會讓你活得有目標，生活充滿了意義。

⌬ 成為人生的掌舵者

　　每一天，你都有機會去選擇想要成為什麼樣的人，並一步步引領你最終成為你渴望成為的那個人。現在，我們有機會面對一直以來使得你裹足不前的心智及情緒阻礙、放下過去的老舊故事，並賦予你更多能力及力量，讓你能夠安住於心、感到平靜，還有什麼時候比現在更適合思考未來呢？

　　夢想未來，並把夢想顯化出來，唯有在有明確意圖並採取行動的情況下，這才會發生。日復一日的努力、日復一日的採取行動，就會成為一種習慣。沒錯，努力永遠都是不可或缺的一環。要讓任何事情發生，方法就是把想法化為行動，然後真的付諸行動。

打造有意義的人生

大部分的人都想活得有意義、活得有目標，好讓人們能夠注意到自己，並認為自己的存在是重要的。然而，日常生活的現實條件、環境和情況卻經常困住我們。於是，我們不再有意識地思考想要什麼樣的生活，也不再去想自己可能發揮什麼樣的影響力，或留下什麼印記足以供人誌念。

筆記 13：打造你想要的人生

打造人生從想像開始。想像三年後，你的生活會是什麼樣子，你可以把它具體描繪出來嗎？你的夢想是什麼？你想在生活中擁有或創造什麼？（如果你在一開始讀這本書時就做過這個練習，現在可以回頭看看當時你寫的筆記，然後根據當時的內容再繼續補充）。

對於願景的描述，請用過去時態來寫，就好像你所有的夢想都已經成真一樣。花點時間用一兩頁的篇幅，寫下三年後的你想要擁有的生活是什麼樣子——採用圖文對照的方式，描寫你所看見的、聽見的、碰觸到的，以及情緒上所感受到的所有一切[1]。包括：你住在哪裡？從事什麼工作？個人生活看起來如何？你有什麼愛好？正在從事什麼有意義的事或活動？你是如何回饋他人的？你還可以想

想，做什麼事會讓你覺得有意義，覺得生活圓滿、充滿了喜樂。你有任務嗎？你有某種理念嗎？你正在為世人傳達什麼訊息，好藉此影響你身邊的人？你可以為這個世界做些什麼？你希望能留下什麼？

當你使用現有的圖片繼續勾勒你的夢想時，不要拘泥於圖片一定要跟你想像的一樣，你要抱持開放的心態去接受——換句話說，就是別在一些小地方鑽牛角尖。

我們經常透過無私的奉獻，找到人生的目的和意義。你可以奉獻出什麼呢？首先，想想能讓你充滿熱忱、樂於去做的事是什麼——它們會讓你眼睛一亮，讓你興奮又欣喜地樂不思蜀，甚至忘記時間的流逝。這種出神的境界就是所謂的「心流」（flow）[2]。你還可以在其他領域體驗到同樣的心流境界嗎？

機會無所不在。你可以做志工，也可以參與社會活動或公益慈善來奉獻自己。如果你有想服務的團體，或有想完成的使命，或是支持某種理念，就在這些地方投入你更多的心力！你想為特定的社區、人群或社會議題貢獻一己之力嗎？例如守護海洋、雨林、沼澤、河流及湖泊，或是聲援動物保護，或是贊助藝文活動等等。不妨這樣想，你或許是其他人迫切需要的答案呢[3]。

把願景刻畫在大腦裡

很重要的一點是，把你想要的生活方式帶入你有意識的覺知中，讓它引領你的每一天。為此，你的大腦需要做好準備。每天早晚給自己至少留十分鐘的反思時間，在床邊放一疊紙或一本筆記本，隨時把你的願景內容寫下來。

【練習】早晨儀式

1. 早上醒來時，拿起你的筆記本。
2. 用感恩的心開始每一天，並寫下至少五件值得你感激的事情。
3. 接著，寫下你想在今天體現的三種價值或品格。你想成為什麼樣的人？你希望自己如何表現？[4]
4. 設定意圖──今天結束時，你希望完成什麼事？確定三件你想要完成或做到的事[5]。
5. 把先前寫的願景內容再看一次，在心中勾勒出那個願景，就像它已經成真了[6]。

【練習】夜間儀式

1. 在一天的最後時刻，回想這一天過得如何。

2. 有沒有哪些事是你可以做得更好的？重新回想這些情境，你可以從中學到什麼？在心中重演一遍，這一次要以你希望的方式進行。

3. 花點時間讀一下你所寫的願景，再一次讓自己沉浸在你描寫的願景中。

4. 寫下你今天做得好的事情[7]。

5. 花點時間回想一下今天你收到的認可或讚美，記取這些正面回饋。問問自己：「我是否正在成為我最想成為的那種人？」

6. 用感恩的心來結束這一天。

7. 記得每週、每個月、每一季、每一年都要重新檢視你的目標和夢想，有必要可以改寫。看看你做到了哪些，你是如何走到這一步的。

---

* 在我的網站 www.DrJoanRosenberg.com/resources90/ 還有更多的表格、引導式練習與相關資源。

⌾ 確認意圖，讓想法與行為一同前進

關於培養自信心的方法，以下是我最常提到的幾點建議：

◆ **經驗**：盡可能有意識地連結每個當下的經驗，我把這個過程稱為「察覺你能察覺的，知道你應該知道的」，這跟你是否能走過痛苦、承受八種不舒服情緒的能力有關。它將會幫助你處理及掌握生活中所有模稜兩可、不確定的情況。你體驗及度過八種不舒服情緒的能力，就是貫穿這整本書的主軸，它還能增強你的情緒復原力及毅力。全然去接受真實的體驗，就是你的起點。

◆ **表達**：表達指的是說真話，這不僅能幫助你更了解自己，也讓你能獲取自信的成果。說真話可以提升你自己，進入一個不斷往上的良性循環；於是，你會更常說真話，從而培養更多的自信、情緒復原力及真誠。說真話意味著你的想法、感受及話語完全裡外一致，促進你和真實的自己、其他人建立正確的關係。它是你活出真實自己的關鍵。當你活得更真實，對自己的愛自然就會浮現出來。

◆ **投入**：採取行動是建立自信心的第三個方法。大多數人都知道，行動才是達到目標的不二法門，可惜的是，有

不少人卻不願意去追求自己想要的。就像為自己發聲一樣，你不是先有自信心才去做、才去冒險；相反的，你是因為付諸行動才累積了更多自信。只要付出努力，就會有進展，一步步走向目標，隨著時間推移，你將獲得更多的能力、更高的競爭力，最終成為佼佼者。當你願意承擔風險，在事情不如預期時也能調整好不舒服的情緒，這樣的能力將會幫你發展出情緒靈敏力（emotional agility）及情緒復原力。

　　一旦你開始擁抱及接納自己，尤其是充分體驗八種不舒服的情緒，就會看見情緒力量和自信心的第一次轉變。而後，當你願意為自己發聲，還會帶來更多的重要轉變。勇於為自己發聲，是創造這些改變必不可少的一步，於是你變得更自信、更真實──當然接下來，就是採取行動了。

如何培養自信心

1. **接受鼓勵**：大方接受鼓勵及讚美，你被珍視只是因為你就是你。
2. **發展專業能力**：透過單一領域或多個領域的學習，掌握某種知識。
3. **充分體驗**：關注、接受及信任八種不舒服的情緒，能讓

你更自在地體驗所有感受，做個更完整的自己。

4. **表達自己**：說真話時要抱持著正向、善意及良好的意圖。

5. **大膽投入**：採取行動、勇於承擔風險去追求你想要的，並從過程中成長。

6. **擁抱自尊**：笑納所有的讚美，它們都將回饋到你身上；接受讚美能幫助你更新對自己的看法。

善用情緒成長，創造自我價值

改變和成長不是隨機發生的，需要你付出努力。當你持續認可你真實的想法、感受、需求及感知，同時也真實表達出來時，你自然就會開始活出真實的自己。如同我在第 7 章提到的，所謂的一致性，不僅是言行一致，你的想法、感受、信念及價值也要一致。一旦你做到了，就會感覺以現在的樣子活在世界上是舒服自在的事。這既是一種理想，也是你每天都要努力去實現的，如此才能盡可能地活在當下，並活出真實的自己。一致性，是自信、情緒力量與真實自我的基礎。

一致性是自發性的、可變通的，是放開自己去擁抱生命的流動。這樣的人會活得不偏不倚、腳踏實地，過著充實的生活。做到一致性，並不表示你此後就能一帆風順，而是指你有

足夠的能力以更快更有效的方式去掌控不舒服的情境，也有能力面對充滿挑戰的生活阻礙，安全度過八種不舒服的情緒，而且不再覺得自己沒有資格、不值得、不配，能夠做個真正完整的人。當然，不舒服的情緒還是會在發生某些生活事件時自然浮現，但你不會再把「感覺糟糕」與「我很糟糕」掛鉤。一致性，會讓你自然而然地更愛自己，進而渴望開創一個自己喜歡的人生。

堅持到底，成長為更好的人

想要追求成長、成為更好的人，是生而為人的天性。然而，成長軌跡並不是線性的。你可能因為學到新東西，或突然獲得某種深刻的洞見，在瞬間完全改變了你如何看待過去、如何活在當下，以及如何規畫未來的方式。一個小小的瞬間、一次簡單的領悟，就能大大改變你的想法、感受及行為。這就是發生在莉亞娜身上的故事。

莉亞娜在近四十歲時才讀大學，最近她有機會接觸到羅森伯格情緒更新技巧並開始練習，然後她寫信告訴我她發生的事。莉亞娜的先生請她一起參加一場專業人士的大型社交聚會，用她的話說，這是她最害怕的事。她說，她的「超能力」之一就是社交尷尬，所以她實在不想去。不過，既然她學了情

緒更新技巧，決定把它用在參加活動這個情境。莉亞娜想，自己可以用九十秒的時間去和任意一個人交談，並度過由此生起的任何情緒。於是，她想像自己去到會場，然後挺過了恐懼的情緒浪潮。透過八種不舒服的情緒，她明白自己為什麼一直不喜歡參加社交活動，以及為什麼陌生人聚在一起談話，會讓她這麼討厭、不舒服？還有，她為什麼會在參加這樣的活動之前，出現這種神經緊繃的反應？

莉亞娜意識到，自己通常會覺得脆弱、害怕尷尬，也擔心別人會覺得她是個虛有其表的冒牌貨。於是，她認為自己不配參加這種聚會。先前只要出席這種場合，她的典型做法就是扯些無關緊要的事，或者簡單說一說自己的經歷，向他人證明自己有資格在場。透過情緒更新技巧，她在想像中，成功駕馭了脆弱和難堪的情緒浪潮，讓它們在她身上沖刷過一遍又一遍。光是這麼做，就削弱了以往會阻止她出席的情緒強度。於是莉亞娜明白，這些不舒服的情緒也沒那麼可怕。她相信，即使這些情緒在活動現場浮現出來，她也有能力處理，因為她已經提前體驗過了。她說那種感覺，就像「提早破冰了」。

情緒更新技巧在活動當天，果然發揮了效果。莉亞娜說，當她到達會場時，她感覺自己有資格進去，她再也不擔心必須向其他人證明自己的價值。承認了自己的脆弱之後，莉亞娜變得更平靜了。這不僅讓她能夠參與到有意義的對話，也讓她更

有自信，因為現在她有話題可以和其他人分享。活動結束後，
莉亞娜的先生還稱讚了她，說從沒見過她在社交場合這麼自
在。莉亞娜現在知道，自己有能力去體驗類似的情境，也期待
有這樣的機會，而不是像先前一樣只是害怕。她也意識到，可
以把這個方法套用在其他各種生活情境。最棒的部分是什麼？
她說，她放下了過去的身分，現在就像活出了不同的自己。
「那感覺就像，這才是我一直以來想要成為的樣子。」更令人
興奮的是，她學習情緒更新技巧也不過才兩天而已。

　　莉亞娜只套用了一個情境，就有了非常大的進展。我還知
道有許多人在使用情緒更新技巧後，短時間內就為自己帶來了
極大的改變。這也可能發生在你身上。

　　不過，並不是所有改變都這麼迅速，或許你需要投入更長
的時間及努力，才能達到你想要的轉變。這可能牽涉到所針對
的問題、想法、感受、感官或行動等諸多因素。透過重複使用
我在這本書提出來的策略，日復一日去執行，一定可以看到你
想要的轉變出現。或許需要花一些時間，大腦中的連結才能被
活化，並發展出新的神經路徑。這時，你的堅持是關鍵。

　　或許你擔心有些你想保留的部分，也會一併被改變？答案
是：不會。對於你的改變，你擁有絕對的自主權。你想要改變
什麼？想保留什麼？想達成什麼目標？都由你決定。

　　有時候，你會覺得似乎又繞回到你早前處理過的某些面向

或屬性。這很常見。當這樣的情況發生時，很有可能是你需要從不同角度去處理同樣的問題，而且往往是更深的層次。保持覺知，留意生活中的這些模式。你對某個模式所做的改變，有可能會引來許多其他需要的改變。當你允許自己去面對痛苦，就是走在成長的路上，並體驗到了內在那個更完整的自己。

自我價值，成為一個不一樣的人

當你選擇一致性的生活方式，就是在培養情緒力量，以及發展維持高度自信所需要的技能。如果能夠再與他人建立深刻的連結、為社區或社會做出貢獻、分享自己的知識，一切就更圓滿了。如此一來，你的人生將會活得有目的、有聲有色，也活得更有意義。

不過，你知道怎麼做到嗎？首先，你必須弄清楚自己的價值觀，以及你的人生想要遵循哪些價值觀和準則。這些標準可以用來檢視你人生的各個面向，包括職業、健康、人際關係、商業、財務狀況等等。你希望如何與他人互動，希望他人如何對待你？你想要以什麼樣子呈現在世人眼前？你想成為一個什麼樣的人？

筆記 14：你的價值觀與人生準則

　　寫下三到五個高價值的人生準則，可以用來定義你的價值、特質及屬性，也可能是你希望在各種情境下（包括家庭、職場及社交場合），別人眼中的你就是這個樣子。我把這些準則稱為高價值的人生準則——這些準則都具有崇高的本質，例如溫柔、友善、溫暖、尊敬、慈悲、接納或慷慨。在每天的生活中體現這些準則。

　　價值觀是供人仰望且具有動能的，鼓勵你透過努力和練習去體現出來，並且是你所必須堅守的底線。當你做到時，就是在落實這樣的價值。例如，要成為一個慷慨的人，你必須先變得慷慨（例如付出時間、金錢或勞務），才能真正體現這樣的價值觀。

　　許多人都認為，是別人以某種方式來「迫使自己出現某種情緒」，讓我們被迫以憤怒、自衛、責備的言語或行為來回應。除了駕馭九十秒的情緒浪潮之外，你還可以透過另一種方式來幫助自己不被外人所擺布及動搖，答案就是堅守你的價值觀與人生準則，或是你希望自己能擁有的外顯特質。它們會在氣憤或壓力的情境下，指導你應該如何反應。換句話說，你如何看待自己以及你如何對待他人，都是監測你言行的氣壓計。

　　價值觀可以作為自我調適的基準，它們邀請並帶領我們成

為自己渴望成為的人。舉例來說，假設你覺得自己是憤世嫉俗又悲觀的人，但你意識到自己並不喜歡這樣的形象，也發現到你的態度和尖刻的評論對他人造成影響，讓他們不再像以往那樣經常和你在一起。一旦你下定決心改變，就需要早早在自己又陷入憤世嫉俗和悲觀主義時「逮住自己」，然後有意識地轉換成開放的、樂觀的態度。你越經常練習，你的新形象就越快形成。接下來你的所有經歷，都會被這個全新的心態先篩檢過一遍。

　　以我來說，我個人抱持的崇高價值觀之一是善良。幾年前，我在洛杉磯開車時遇到了交通堵塞，走走停停的某個瞬間，我感覺到後面的車子追撞了我的後保險桿，而我當下的立即反應是憤怒、煩躁和沮喪。

　　第一時間只夠我快速思考下車後要如何應對。在那短短幾秒裡，我想的是我希望以什麼樣子活在這個世界上，以及我希望用什麼方式來處理自己的情緒。由於善良是我一向推崇的價值觀，因此我決定先冷靜地把這些情緒放在心裡，而不是惡劣地對後方駕駛說出難聽的話。她不是故意撞到我的車，而且已發生的事也無法挽回。想到這裡，我明白自己不需要帶著敵意面對她。於是我下車後，首先到車尾查看損壞的程度，再冷靜且有條不紊地和對方交換了保險資料，然後就繼續上路了。後來我自行處理了殘存的煩躁感，沒有讓它影響到其他人，也沒

有讓它影響我的一天。單一事件就只是單一事件,所以它並沒有「毀了」我的一天。當時,我選擇的做法是用善良的價值觀來篩檢我的回應方式。想要依循最高的價值觀生活,需要用到覺察力、三思而後行的決策能力,以及每一天都帶著覺知行動。

> 如果你對於他人、事件及情境的回應是基於你的
> 核心價值觀,而不是當下最直接的反應,會怎麼樣?

接下來,請下定決心,讓你說出口的話、做出的舉動,都能反映你的價值觀。這就是一致性。在發生任何爭執或讓你產生情緒反應的情境下,請用你的價值觀先篩檢。這個方法為你的行為和對他人的回應,提供了完全的自由。你不需要武裝自己,不需要「針鋒相對」或「以牙還牙」,不需要爭論誰是誰非,也不需要做出任何會讓你陷入困境的反應。

就像學習所有新技能一樣,持續練習才能成為一種本能反應。遵循你的價值觀,直到你能輕鬆且不需要思考就據此做出幾乎自動化的反應。如果你願意的話,一次選擇一種價值觀,然後集中精力在一週或一個月內熟悉並掌握它,然後再換另一種價值觀。當你把這些價值觀／高品質都弄清楚以後,就再也沒有什麼能讓你偏離中心了。迅速、強烈的情緒反應消失了,取而代之的將會是安住於心、堅若磐石、意圖明確的回應方式。

崇高價值觀與人生準則表格

請從下列這個表格中，選出三個最能反映你價值觀的品格，你也可以自行添加其他特質。在接下來的十四天裡，每一天的生活都要遵循這些價值觀。

	現在的我	我想成為的人	為體現該價值觀，我必須做的事
慈悲心			
投入			
寬恕			
慷慨			
感恩			
謙卑			
善良			
愛心			
樂觀			
耐心			
童心			
專注於當下			
尊重			
負責			
體貼			
理解			

* 在我的網站 www.DrJoanRosenberg.com/resources90/ 還有更多的表格、引導式練習與相關資源。

如何打造擁有自信、情緒復原力及真實的生活

以下是十個重要關鍵，能幫助你掌控情緒並按照你的
想法，打造擁有自信、情緒復原力及真實的生活。

1. 檢視你的態度

◆ 抱持好奇心，並用開放、有彈性的生活態度去面對變
革和逆境。

◆ 願意從每一個人生經歷學習。

◆ 抱持樂觀、堅持不懈及終身學習的心態。

2. 選擇覺知，而不是迴避

◆ 盡可能地去覺察並接觸每個瞬間的體驗。

◆ 運用羅森伯格情緒更新技巧，掌握八種不舒服的情
緒——這是讓你感覺有能力生活在這個世界的關鍵。

◆ 面對脆弱、選擇脆弱——讓脆弱成為你最大的力量。

3. 減少干擾

◆ 盡你所能有覺知地活在當下。

◆ 識別讓你分心的事物，注意它們幫你避開了哪種不舒
服的情緒。透過識別、體驗及表達內心不舒服的感受
來緩解焦慮。

4. 終結錯誤的思考和嚴厲的自我評判

◆ 擺脫悲觀、憤世嫉俗及認知扭曲，轉向更具建設性、更開放、更樂觀的想法。

◆ 注意到你嚴厲的自我評判，並將之視為信號，表明你還有一些未解決的痛苦經歷。

◆ 問問自己：「現在我抗拒去知道、去感受，或去忍受什麼？」並把答案帶進意識中。如果出現痛苦的感受，請使用情緒更新技巧。

5. 把話說出來，採取行動

◆ 對話時，要抱持正面、善意及良好的意圖與他人交流。

◆ 說真話，這樣你才能活出最真實的自己。

◆ 決定要追求或實現什麼，確定好第一步後再採取行動。

◆ 確定下一步，然後去執行。堅持不懈，直到達成目標。

6. 放下過去的人生故事

◆ 理解你的生命故事。

◆ 釋放悲傷與偽裝的悲傷。

◆ 原諒；擁抱新故事；找到喜悅及更深的連結。

7. 尋求協助

◆ 懂得尋求協助是善用資源的前提，也是情緒力量和復

原力的關鍵。

◆ 建立社會安全網，拉近與家人及朋友的關係。

◆ 從先前的成功經驗汲取智慧。

8. 接受並吸收讚美

◆ 讚美是對你本人的一種反映，能幫助你更新對自我形象的認知。

◆ 吸收讚美，一遍一遍這麼做。

9. 依循崇高的價值觀生活

◆ 落實一致性：確保你言行一致，你的想法、感受、信念與價值也一致。

◆ 重拾你想要體現的價值觀，成為你想要成為的人。

◆ 設定意圖：按照你想要的人生藍圖及走向，去思考、說話及行動。

10. 打造你想要的人生

◆ 創造你的未來，想像你希望它是什麼樣子。寫下你的展望。你想成為什麼樣的人？是什麼讓你感到活得有目標、有意義？

◆ 每天都要心懷感激、設定意圖、檢視願景和收穫，蓄積達成目標及夢想所需要的動能。

　　人們往往會往外尋找自信，然而能帶來成長及促進改變的信心，都來自於內在。我們每個人都可以決定，是否要讓明天的自己比今天更好——然後採取行動，幫助我們成為最渴望成為的那種人。

　　這個最初的決定，和接下來大大小小的無數決定，都是帶來轉變的關鍵。選擇成長，然後在面對每一個阻礙、每一次飛躍、每一次挫折和每一次成功時，都要持續做出同樣的選擇。

> 雞蛋如果是被外力打破的，生命就結束了；
>
> 如果是從內部被打破的，生命就開始了。
>
> 偉大的事情總是從內部開始的。
>
> ——吉姆・快克（Jim Kwik）

　　重要的一點是，生活是動態的、有創造力的，不是一成不變的，就像生活有它自己的生命一樣。你對自己要求越多，就會對生活要求越多——這是你影響生活走向的方式。

　　就像變化是生命的恆常現象一樣，你也一直在不斷變化。你一路上經歷的傷痛，可能都是你覺醒的時刻，那是進入成長的門戶，它會邀請你或要求你超越現在的自己。當你因為沒有達到目標而備感挫折，或者懷疑自己無法繼續下去時，請記

住：這是生活在考驗你，看你是否真心想實踐承諾。

放下那些分散注意力的干擾，放下嚴厲的自我評判，放下過去的生命故事。那些你一直逃避或曾經妨礙你的不舒服情緒，現在已不再是阻止你冒險的障礙了，因為羅森伯格情緒更新技巧會幫助你處理它們。你和成功之間，只隔了八種不舒服的情緒。

去感受、表達，然後活出真實的自己。每時每刻都要忠於真實的自己。

你確實有能力成為你想要成為的那種人，也有能力創造自己喜歡的生活。這種強大的力量可以讓你活得真實、自信、熱情、有目標，擁有強大的情緒力量及復原力。請選擇這樣的個人成長。

比起現有的情境和條件，你有能力經歷得更多。帶著滿滿的自信，去追求夢想吧！你想飛得多高？

活出你想要的人生，只需要一個決定……首先，你要做選擇，與你當下的經驗保持連結。然後在八種不舒服情緒中挑一種或多種情緒，試著去駕馭它帶來的九十秒情緒浪潮。當你允諾這麼做，你就允諾了每一個目標、每一個夢想，以及每一個你能想像得到的可能性。

這麼做，就是在超越自我，活得更有意思、更有意義。

歡迎回家。

致謝

　　這本書集結了我的人生及職業生涯的所有見聞與心得，並得到很多人的幫助與支持。我為他們每一個人致上深切的感謝，謝謝他們的指導和友誼，也謝謝他們提出邀請或給我機會。我要感謝下面每一個給予我支持、鼓勵我的人，也感謝他們對我和對這些訊息的信任。謝謝你們為我打開了一扇門，讓我得以越過梭羅的隱形界線。

　　丹尼爾・席格博士：你的人際神經生物學讓心理治療向前邁了一大步，並帶來了全新的定義。你的指導和知識，為我打開了一個全新的世界。有幸和你共同研究的那些年，在我個人和職業生涯都留下了不可磨滅的印記——我從你身上學到的那些資訊，是九十秒情緒更新技巧的基礎。直至今日，你還一直帶給我許多啟發。

　　布蘭登・博查德（Brendon Burchard）：你一直挑戰我們彼此，要把訊息帶給世人，讓更多人聽到我們的聲音。謝謝你成為這樣的一個榜樣。謝謝你的策略思考、勇於挑戰，以及致

力於提供高品質內容的堅持。你不僅是第一個鼓勵我出版這本
書的人，還為我打造了一個舞台，讓我能帶著它粉墨登場。

潘‧亨德瑞克森（Pam Hendrickson）：你是第一個讀過初
稿的人，你的回饋使我充滿信心。你對內容的精闢解讀無人能
及。謝謝你的才學和心意，兩者都是我的最愛，我真心感謝。
此外，也謝謝你的旅伴麥可‧柯恩斯（Mike Koenigs）——謝
謝你的行銷頭腦和給我的鼓勵。有你在，所有點子都變得更鮮
活了。

波與道恩‧伊森（Bo and Dawn Eason）：第一次是幾年前
跟隨你們走過舞台，之後就再也沒有停下來過。你們的存在、
持續不懈的練習、精益求精的態度，以及邀請人們一起體驗真
實的人生故事，一直都深深吸引著我。謝謝你們的友誼，很高
興有機會和你們一起旅行。

約翰‧亞薩拉夫（John Assaraf）：一說到你，我就會馬上
想到你對神經科學的熱愛。謝謝你一直以來的慷慨和友情。能
成為你們培訓團隊的一員，對我來說真是太開心了。

JJ‧維珍（JJ Virgin）：人與人的相遇不是毫無原因的。
感謝我們遇見彼此，謝謝妳對健康專業人士的見解……其中也
包括心理學家在內。妳的友誼、支持、高標準的要求、勇於冒
險的精神，以及所創造的社群，對我的重要意義不是任何言語
能夠形容的。卡爾，你也一樣。我們之間的連結和機會，以我

從未想像得到的方式開展在我面前。

娜歐蜜‧惠特爾（Naomi Whittel）：妳優雅地將脆弱、幹勁和精湛的專業融合在一起，令我深受鼓舞。妳對我的支持是無價的。我相當珍惜妳的友情和指引。感謝的話永遠都說不夠。

齊米拉‧瓊斯（Zemira Jones）：你隨和又親切，謝謝你幫我把這些話說出來，也謝謝你的努力讓我有了今天的成果。謝謝你無條件的支持和友誼。

瑪莉‧莫瑞賽（Mary Morrissey）：謝謝妳的智慧、指導和友誼，這一切都非筆墨所能形容。對於妳為我的人生所帶來的一切，我僅能致上無限的感激──妳以一種看不見的方式、一種傾聽極限的方式、一種根植於愛與慈悲的感受，以及無論是個人或職業人士的生活態度，都成了我接下來人生道路的重要楷模。

喬‧迪克（Joe Dickey）：謝謝你的友情、鼓勵、文字建議和笑容。約翰（John）、瑞奇（Rich）、珍妮佛（Jennifer）、馬特（Mat）、布蓮恩（Blaine）和布里姬（Bridges）：謝謝你們一直以來的支持，以及每個人獨特的力量和天賦；還有海蒂（Hiedi）、塔咪（Tami）、史考特（Scott）和其他的組員。在此難以一一列舉，但你們就是我的家。我只能說，我對你們的愛和感激永無止境。

崔西‧波哈爾（Tracy Behar）：對妳睿智的頭腦、清晰的

洞見、敏銳的雙眼，以及引領我的雙手，致以我最深的敬意和感激。作為我的編輯，妳不斷挑戰我讓一切變得更好。謝謝妳相信我和我的工作成果；有妳在，這本書一定會改變人們的生活。謝謝妳答應我的請求，謝謝妳讓一切變得更好。我會永遠心懷感激。

凱西‧韓潔（Cassie Hanjian）：我要向妳表達最深的謝意。雖然妳是我的作家經紀人，但我一直懷疑妳應該是個臥底的選秀專家。妳不僅找到了我，還能明白所有訊息的重要性。謝謝妳的投入，也謝謝妳讓這些重要的想法呈現在世人面前；謝謝妳在過程中不斷給予各種形式的支持和鼓勵。謝謝妳找到我、看顧我，同時我也謝謝妳的友誼。

蒂芬妮‧葉克‧布魯克斯（Tiffany Yecke Brooks）：獻上我最誠摯的感謝。謝謝妳充滿洞見的觀點，並慷慨協助編輯本書的文稿。因為妳在這樣一個關鍵時刻加入，這本書才有出版的可能。

艾琳‧桑托斯（Erin Santos）：我真誠地感謝妳大方提供妳的眼與手，在我需要的時候協助我的寫作過程。妳的幫忙是無價的。

傑（Jay）與蘇珊（Susan）：無論是否說出口，我對你們的愛與支持都記在心裡。無論年幼或長大以後，你們都以我意想不到的方式幫助我成長。我對你們的愛，比你們想像得還要

多得多。

凱萊（Chele）與魯賓・馬美特（Ruben Marmet）：你們為我重新定義了家。提供我安全的避風港、愛、鼓勵和支持，這本書才能順利完成。你們的慷慨無人能及，也印證了我一直以來的信念：沒有人能單槍匹馬獲得成功。對於你們為我所做的一切，我致上無限的感激與心意。

瑞尼・雷根（Rene Ragan）：幾十年來你的友誼和指導，給了這本書問世的一個機會。我比任何人都更珍惜你我之間的情誼，無人能及。時間和距離從來都不會是限制。

蘇珊・本尼特（Susanne Bennett）、納里尼・柴可夫（Nalini Chilkov）、海拉・卡斯（Hyla Cass）與葛雷斯・瑟（Grace Suh）：你們全體的創造力、支持、愛和鼓勵，是過去這些年安頓我的錨。

在這個世界上，誰不需要這樣一群特別的朋友呢！你們是最棒的！潘蜜拉・鮑文（Pamela Bowen）、泰麗・柯克蘭（Teri Cochrane）、安・席比（Ann Shippy）、羅賓・班森（Robyn Benson）、費利西雅・塞西（Felicia Searcy）、黛博拉・韋恩（Debora Wayne）、馬可斯（Marcus）與席拉・吉莉特（Sheila Gillette）、珊卓・喬瑟夫（Sandra Joseph），以及喬・塔塔（Joe Tatta）、瑪莉・金賽德（Mary Kincaid）、黛博拉・埃金森（Debra Atkinson）、凱蒂・奧斯丁（Katie Augustine）、卡拉・阿姆朵

（Carla Amthor）、芭芭拉・汀多利（Barbara Tintori）、吉娜・歐
班（Gina Eubank）和戴蒙・達尼爾（Damon Darnell）。此外，
還有我在世界各地特別要好的朋友和夥伴，包括在博查德
（Burchard）、伊森（Eason）、莫瑞賽（Morrissey）、維珍（Virgin）和ATL社群的好朋友。你們的友誼和支持讓我深受感
動，超乎你們的想像。每一天，你們都激勵著我。

感謝我親愛的同事、個案及學生，我對我們之間的連結感
到敬畏，感謝你們付出的一切、所冒的風險，以及我們所分享
的所有。

我對其他未能一一列舉的朋友們，致上感謝和讚美。我真
心支持你們並願意為你們服務。你們是我做這一切的重要原因
之一，能夠透過分享，幫助你們的個人或事業開展、成長與轉
變，對我來說是深刻又感人的經驗。

謝謝你們給我的機會以及更多更多，謝謝你們的祝福。

參考書目

【前言】八種情緒與黃金九十秒

1. Jeff Spencer, personal communication, October 2015.

第1章／打造自己想要的人生

1 Mary Morrissey, "Transformation and Thoreau" (keynote, Experts Industry Association Annual Meeting, Santa Clara, CA, November 6–9, 2012).

2 Mary Morrissey, "Concord Conversations 2013" (training session, Concord Experience: Understanding Transcendentalism, Concord, MA, September 2013).

3 Morrissey, "Concord Conversations 2013."

4 Steven Hayes and others, "Experiential Avoidance and Behavioral Disorders: A Functional Dimensional Approach to Diagnosis and Treatment," *Journal of Consulting and Clinical Psychology* 64, no. 6 (1996): 1152–68. doi:10.1037//0022-006x.64.6.1152.

5 我觀察到一種我稱之為「靈魂抑鬱」的憂鬱症，當人們切斷自己的感受，尤其是不愉快的感受時，就會發生這種情況，無論他們

使用什麼策略來轉移注意力或逃避這些感受。這是切斷連結或轉移注意力（或試圖假裝不知道）來逃避的結果，隨著時間推移，首先會導致焦慮、脆弱和某些身體症狀，或是感覺控制感變弱或失去控制。據我的觀察，如果這些體驗長時間繼續下去，人們將會與內在的自己更加疏遠。在這種情況下，我們可以觀察到自己的想法和感受與真正的體驗脫節（例如，我知道自己很難過，卻感覺不到悲傷）。到了這個時候，人們會描述內心感到麻木、空虛或如行屍走肉——這都是靈魂抑鬱的症狀。它可能進一步演變為孤立、冷漠疏離，然後自殺，這些都與無法忍受或承受不了痛苦有關。

第2章／羅森伯格情緒更新技巧

1. Daniel J. Siegel, *Mindsight: The New Science of Personal Transformation* (New York: Bantam Books, 2010).

2. Daniel J. Siegel, *The Mindful Therapist: A Clinician's Guide to Mindsight and Neural Integration* (New York: W.W. Norton & Company, 2010).

3. Daniel J. Siegel, *The Developing Mind: How Relationships and the Brain Interact to Shape Who We Are* (New York: Guilford, 1999).

4. Jon Kabat-Zinn, *Wherever You Go, There You Are: Mindfulness Meditation In Everyday Life* (New York: Hyperion, 2005).

5. Kabat-Zinn, *Wherever You Go.*

6. Kabat-Zinn, *Wherever You Go.*

7. Marsha Linehan, *DBT® Skills Training Manual,* 2nd ed. (New York: Guilford Press, 2014).

8. Steven Hayes and Kirk Strosahl, eds., *A Practical Guide to Acceptance and Commitment Therapy* (New York: Springer, 2004).

9. Siegel, *The Mindful Therapist*. Daniel J. Siegel and Tina Payne Bryson, *The Whole-Brain Child: 12 Revolutionary Strategies to Nurture Your Child's Developing Mind* (New York: Delacorte Press, 2011). Daniel J. Siegel and Debra Pearce McCall, "Mindsight at Work: An Interpersonal Neurobiology Lens on Leadership," *Neuroleadership Journal*, no. 2 (2009): 1–12V.

10. Siegel, *Mindsight*. Daniel J. Siegel, "Science Says: Listen to Your Gut," *Inspire to Wire,* January 23, 2016. http://www.drdansiegel.com/blog/2016/01/23/ science-says-listen-to-your-gut/ (accessed February 9, 2018).

11. Daniel J. Siegel, *Mind: A Journey to the Heart of Being Human* (New York: W.W. Norton & Company, 2017).

12. Pat Ogden and others, *Trauma and the Body: A Sensorimotor Approach to Psychotherapy* (New York: W.W. Norton, 2006).

13. Daniel J. Siegel, *The Developing Mind: How Relationships and the Brain Interact to Shape Who We Are,* 2nd ed. (New York: Guilford, 2012).

14. Joseph LeDoux, *The Emotional Brain: The Mysterious Underpinnings of Emotional Life* (New York: Simon & Shuster, 1996)。雖然大多數人可以體驗和表達自己的感受及情緒，但也有一些人被描述為述情障礙（或稱情感失語症），因為他們很難辨別及描述自己的感受，也就無法有同理心、跟他人感同身受。

15. Siegel, *The Mindful Therapist*. Siegel, *Mindsight*. Siegel, *The Developing Mind*.

16. Siegel, *Mind.*

17. Antonio Damasio, *Descartes' Error: Emotion, Reason, and the Human Brain* (New York: Penguin, 2005).

18. Lauri Nummenmaa and others, "Bodily Maps of Emotions," *Proceedings of the National Academy of Sciences* 111, no. 2 (2014): 646–51, doi:10.1073/pnas.1321664111.

19. Jill Bolte Taylor, *My Stroke of Insight: A Brain Scientist's Personal Journey* (New York: Viking, 2008).

20. Candace Pert, *Molecules of Emotion: The Science Behind Mind-Body Medicine* (New York: Scribner, 1997).

21. Bolte Taylor, *My Stroke of Insight.*

22. Bolte Taylor, *My Stroke of Insight.*

23. Lou Cozolino, *The Neuroscience of Psychotherapy: Healing the Social Brain,* 3rd ed. (New York: W.W. Norton & Company, 2017).

24. Philippe Verduyn and Saskia Lavrijsen, "Which Emotions Last Longest and Why: The Role of Event Importance and Rumination," *Motivation and Emotion* 39, no. 1 (2014): 119-27, doi:10.1007/ s11031-014-9445-y.

25. Richard A. Dienstbier, "Arousal and Physiological Toughness: Implications for Mental and Physical Health," *Psychological Review* 96, no. 1 (1989): 84-100, doi:10.1037//0033-295x.96.1.84. Verduyn and Lavrijsen, "Which Emotions Last Longest."

26. Bolte Taylor, *My Stroke of Insight.*

27. Siegel, *Mindsight.*

28. Daniel Wegner and others, "Chronic Thought Suppression," *Journal of*

Personality 62, no. 4 (1994): 615-40. Daniel Wegner and others, "Paradoxical Effects of Thought Suppression," *Journal of Personality and Social Psychology* 53, no. 1 (1987): 5–13.

29. Wegner and others, "Paradoxical Effects of Thought Suppression."

30. Eric Rassin and others, "Paradoxical and Less Paradoxical Effects of Thought Suppression: A Critical Review," *Clinical Psychology Review* 20, no. 8 (2000): 973–95. Richard Wenzlaff and David Luxton, "The Role of Thought Suppression in Depressive Rumination," *Cognitive Therapy and Research* 27, no. 3 (2003): 293–308.

31. Lou Cozolino, *The Neuroscience of Psychotherapy: Healing the Social Brain,* 3rd ed. (New York: W.W. Norton & Company, 2017). Verduyn and Lavrijsen, "Which Emotions Last Longest."

32. Daniel J. Siegel and Mary Hartzell, *Parenting from the Inside Out: How a Deeper Self-Understanding Can Help You Raise Children Who Thrive,* 10th ed. (New York: TarcherPerigee, 2013).

第3章／認識八種不舒服的情緒

1. Rick Hanson, *Hardwiring Happiness: The New Brain Science of Contentment, Calm and Confidence* (New York: Harmony Books, 2013). Pert, *Molecules of Emotion.*

2. Ira Roseman and others, "Appraisal Determinants of Emotions: Constructing a More Accurate and Comprehensive Theory." *Cognition and Emotion* 10, no. 3 (1996): 241–77. Wilco van Dijk and Marcel Zeelenberg, "Investigating the Appraisal Patterns of Regret and Disappointment," *Motivation and Emotion* 26, no. 4 (2002): 321–31.

3. Helen Mayberg and others, "Reciprocal Limbic-Cortical Function and Negative Mood: Converging PET Findings in Depression and Normal Sadness," *American Journal of Psychiatry* 156 (1999): 675–82.

4. Jonathan Rottenberg and others, "Sadness and Amusement Reactivity Differentially Predict Concurrent and Prospective Functioning in Major Depressive Disorder," *Emotion* 2, no. 2 (2002): 135–46.

5. Mayberg and others, "Reciprocal Limbic-Cortical Function."

6. Gordon H. Bower, "Mood and Memory," *American Psychologist* 36, no. 2 (1981): 129–48.

7. Cozolino, *The Neuroscience of Psychotherapy.*

8. Paul Gilbert and Sue Procter, "Compassionate Mind Training for People with High Shame and Self-Criticism: Overview and Pilot Study of a Group Therapy Approach," *Clinical Psychology and Psychotherapy* 13 (2006): 353–79. Siegel, *The Developing Mind,* 2nd ed.

9. Lou Cozolino, *Attachment-Based Teaching: Creating a Tribal Classroom* (New York: W.W. Norton & Company, 2014).

10. Sally Dickerson and others, "When the Social Self Is Threatened: Shame, Physiology, and Health," *Journal of Personality* 72, no. 6 (2004): 1191–1216.

11. Dickerson and others, "When the Social Self."

12. Dickerson and others, "When the Social Self."

13. Ilona de Hooge and others, "Not So Ugly After All: When Shame Acts as a Commitment Device," *Journal of Personality and Social Psychology* 95, no. 4 (2008): 933–43.

14. Dickerson and others, "When the Social Self."

15. Dickerson and others, "When the Social Self."

16. de Hooge and others, "Not So Ugly After All."

17. Mária Kopp and Jaános Réthelyi, "Where Psychology Meets Physiology: Chronic Stress and Premature Mortality —the Central– Eastern European Health Paradox," *Brain Research Bulletin* 62 (2004): 351–67.

18. Kopp and Réthelyi, "Where Psychology Meets Physiology."

19. Kopp and Réthelyi, "Where Psychology Meets Physiology."

20. Kopp and Réthelyi, "Where Psychology Meets Physiology."

21. Kopp and Réthelyi, "Where Psychology Meets Physiology."

22. van Dijk and Zeelenberg, "Investigating the Appraisal Patterns."

23. Janne van Doorn, *On Anger and Prosocial Behavior* (Ridderkerk: Ridderprint, 2014).

24. James Gross and others, "Emotion and Aging: Experience, Expression, and Control," *Psychology and Aging* 12, no. 4 (1998): 590–99.

25. Rottenberg and others, "Sadness and Amusement Reactivity."

26. World Health Organization, *Violence Prevention: The Evidence: Changing Cultural and Social Norms that Support Violence* (Geneva, Switzerland, WHO Press, 2009).

27. Peter Drummond and Saw Han Quah, "The Effect of Expressing Anger on Cardiovascular Reactivity and Facial Blood Flow in Chinese and Caucasians," *Psychophysiology* 28 (2001): 190–96.

28. Joan Rosenberg, "Emotional Mastery and Neuroleadership: Bringing Neuroscience to Life in Organizations and Work" (Special presentation, Orange County Neuroleadership Local Interest Group, Irvine, CA, May 31, 2012).

29. Robert Edelmann and others, "Self-Reported Expression of Embarrassment in Five European Cultures," *Journal of Cross-Cultural Psychology* 20, no. 4 (1989): 357–71.

30. Dacher Keltner and Ann Kring, "Emotion, Social Function, and Psychopathology," *Review of General Psychology* 2, no. 3 (1998): 320–42.

31. van Dijk and Zeelenberg, "Investigating the Appraisal Patterns." Marcel Zeelenberg and others, "The Experience of Regret and Disappointment," *Cognition and Emotion* 12, no. 2 (1998): 221–30.

32. Wilco van Dijk and Marcel Zeelenberg, "What Do We Talk about When We Talk about Disappointment? Distinguishing Outcome-Related Disappointment from Person-Related Disappointment," *Cognition and Emotion* 16, no. 6 (2002): 787–807.

33. van Dijk and Zeelenberg, "What Do We Talk."

34. Gerben Van Kleef and Carsten De Dreu, "Supplication and Appeasement in Conflict and Negotiation: The Interpersonal Effects of Disappointment, Worry, Guilt, and Regret," *Journal of Personality and Social Psychology* 91, no. 1 (2006): 124–42.

35. Marcel Zeelenberg and others, "On Bad Decisions and Disconfirmed Expectancies: The Psychology of Regret and Disappointment," *Cognition and Emotion* 14, no. 4 (2000): 521–41.

36. Marcel Zeelenberg and Rik Pieters, "A Theory of Regret Regulation 1.0," *Consumer Psychology* 17, no. 1 (2007): 3–18. Zeelenberg and others, "The Experience of Regret."

37. M. Sazzad Hussain and others, "Affect Detection from Multichannel Physiology During Learning Sessions with AutoTutor," In *Artificial In-*

telligence in Education, edited by Gautam Biswas, Susan Bull, Judy Kay, and Antonija Mitrovic (Berlin: Springer, 2011).

38. Hussain and others, "Affect Detection from Multichannel."

39. Susan Calkins and others, "Frustration in Infancy: Implications for Emotion Regulation, Physiological Processes, and Temperament," *Infancy* 3 (2002): 175–98.

40. Calkins and others, "Frustration in Infancy."

41. Stephen Porges, "Neuroception: A Subconscious System for Detecting Threats and Safety," *Zero to Three* 24, no. 5 (2004): 19–24.

42. Joan Rosenberg, "Therapy Is Choreography" (annual psychotherapy training, Pepperdine University, Graduate School of Education and Psychology, Los Angeles, CA, September 2017).

43. Rosenberg, "Therapy Is Choreography."

44. Siegel, *The Developing Mind.*

45. Ogden and others, *Trauma and the Body.* Siegel, *The Developing Mind.*

46. Ogden and others, *Trauma and the Body.*

47. Ogden and others, *Trauma and the Body.*

48. Siegel, *The Developing Mind.*

49. Siegel, *The Developing Mind.*

50. Siegel, *The Developing Mind.*

51. Siegel, *The Developing Mind.*

52. Siegel, *The Developing Mind.*

53. Siegel, *The Developing Mind.*

54. Siegel, *The Developing Mind.*

55. Ogden and others, *Trauma and the Body.* Siegel, *The Developing Mind.*

56. Elaine Aron, *The Highly Sensitive Person: How to Thrive When the World Overwhelms You* (New York: Kensington Publishing Corp, 2013).

57. Matthew Lieberman and others, "Putting Feelings into Words: Affect Labeling Disrupts Amygdala Activity in Response to Affective Stimuli," *Psychological Science* 18, no. 5 (2007): 421–28.

58. Katharina Kircanski and others, "Feelings into Words: Contributions of Language to Exposure Therapy," *Psychological Science* 23, no. 10 (2012): 1–6. Matthew Lieberman and others, "Subjective Responses to Emotional Stimuli during Labeling, Reappraisal, and Distraction," *Emotion* 3 (2011): 468–80.

59. James Pennebaker, "Writing about Emotional Experiences as a Therapeutic Process," *Psychological Science* 8, no. 3 (1997): 162–66.

第4章／辨識及應對情緒干擾

1 Ogden and others, *Trauma and the Body*. Siegel, *The Developing Mind,* 2nd ed.

2 Hayes and Strosahl, eds., *A Practical Guide*.

第5章／釋放焦慮，解除身心警報

1. Thomas Borkovec and others, "Worry: A Cognitive Phenomenon Intimately Linked to Affective, Physiological, and Interpersonal Behavioral Processes," *Cognitive Therapy and Research* 22, no. 6 (1998): 561–76.

2. Thomas Borkovec, "Worry: A Potentially Valuable Concept," *Behaviour Research and Therapy* 23, no. 4 (1985): 481–82. Borkovec and others, "Worry: A Cognitive Phenomenon."

3. Barbara Zebb and J. Gayle Beck, "Worry Versus Anxiety: Is There Really a Difference?" *Behavior Modification* 22, no. 1 (1998): 45–61.

4. Zebb and Beck, "Worry Versus Anxiety."

5. David Barlow, *Anxiety and Its Disorders: The Nature and Treatment of Anxiety and Panic,* 2nd ed. (New York: Guilford Publications Inc., 2002). David Barlow and Kristen Ellard, "Anxiety and Related Disorders," In *Noba Textbook Series: Psychology,* edited by R. Biswas-Diener & E. Diener (Champaign: DEF Publishers, 2018).

6. American Psychiatric Association, *Diagnostic and Statistical Manual of Mental Disorders: DSM-5* (Arlington: American Psychiatric Publishing, 2013).

7. David Barlow, "Unraveling the Mysteries of Anxiety and Its Disorders from the Perspective of Emotion Theory," *American Psychologist* 55 (2000): 1247–1263. doi:10.1037/0003-066X.55.11.1247. Clair Cassiello-Robbins and David Barlow, "Anger: The Unrecognized Emotion in Emotional Disorders," *Clinical Psychology: Science and Practice* 23, no. 1 (2016): 66–85.

8. Thomas Borkovec, "Life in the Future Versus Life in the Present," *Clinical Psychology Science and Practice* 9, no. 1 (2002): 76–80. Thomas Borkovec and Lizabeth Roemer, "Perceived Functions of Worry Among Generalized Anxiety Disorder Subjects: Distraction from More Emotionally Distressing Topics?" *Journal of Behavior Therapy and Experimental Psychiatry* 26, no. 1 (1995): 25–30. Michelle Newman and Sandra Llera, "A Novel Theory of Experiential Avoidance in Generalized Anxiety Disorder: A Review and Synthesis of Research Support-

ing a Contrast Avoidance Model of Worry," *Clinical Psychology Review* 31, no. 3 (2011): 371–82.

9. Clayton Critcher and others, "When Self-Affirmations Reduce Defensiveness: Timing Is Key," *Personality and Social Psychology Bulletin* 36, no. 7 (2010): 947–59. Clayton Critcher and David Dunning, "Self-Affirmations Provide a Broader Perspective on Self-Threat," *Personality and Social Psychology Bulletin* 41, no. 1 (2015): 3–18.

10. Critcher and others, "When Self-Affirmations Reduce."

11. Ethan Kross and others, "Self Talk as a Regulatory Mechanism: How You Do It Matters," *Journal of Personality and Social Psychology* 106, no. 2 (2014): 304–24.

12. Kross and others, "Self Talk as a Regulatory."

13. Bruce Lipton, *The Biology of Belief: Unleashing the Power of Consciousness, Matter, and Miracles* (Carlsbad: Hay House, 2008).

14. Lipton, *The Biology of Belief.*

15. Lipton, *The Biology of Belief.*

16. Joan Rosenberg, *Ease Your Anxiety: How to Gain Confidence, Emotional Strength, and Inner Peace* (Toronto: Brightflame Books, 2016).

第6章／哪些思維模式會傷害你？

1　Lipton, *The Biology of Belief.*

2　Bruce McEwen and Elizabeth Lasley, *The End of Stress as We Know It* (Washington, DC: Joseph Henry Press, 2002). Robert Sapolsky, *Why Zebras Don't Get Ulcers: The Acclaimed Guide to Stress, Stress-Related Diseases, and Coping,* 3rd ed. (New York: Holt Paperbacks, 2004).

3　Pert, *Molecules of Emotion.*

4　Alberto Chiesa and Alessandro Serretti. "Mindfulness Based Cognitive Therapy for Psychiatric Disorders: A Systematic Review and Meta-analysis," *Psychiatry Research* 187, no. 3 (2011): 441–53. Alberto Chiesa and Alessandro Serretti. "Mindfulness Based Stress Reduction for Stress Management in Healthy People: A Review and Meta-analysis," *Journal of Alternative and Complementary Medicine* 15, no. 5 (2009): 593–600. Stefan Hofmann and others, "The Effect of Mindfulness-Based Therapy on Anxiety and Depression: A Meta-analytic Review," *Journal of Consulting and Clinical Psychology* 78, no. 2 (2010): 169–83. Julie Irving and others, "Cultivating Mindfulness in Health Care Professionals: A Review of Empirical Studies of Mindfulness-Based Stress Reduction (MBSR)," *Complementary Therapies in Clinical Practice* 15 (2009): 61–66. Jon Kabat-Zinn, *Full Catastrophe Living: Using the Wisdom of Your Mind and Body to Face Stress, Pain, and Illness* (New York: Delacorte, 1990).

5　Ruth Baer and others, "Weekly Change in Mindfulness and Perceived Stress in a Mindfulness-Based Stress Reduction Program," *Journal of Clinical Psychology* 68, no. 7 (2012): 755–65. James Carmody and Ruth Baer, "Relationships Between Mindfulness Practice and Levels of Mindfulness, Medical, and Psychological Symptoms and Well-Being in a Mindfulness-Based Stress Reduction Program," *Journal of Behavioral Medicine* 31 (2008): 23–33.

6　Helen Achat and others, "Optimism and Depression as Predictors of Physical and Mental Health Functioning: The Normative Aging

Study," *Annals of Behavioral Medicine* 22 (2000): 127–30. Edward Chang and Angela Farrehi, "Optimism/Pessimism and Information-Processing Styles: Can Their Influences Be Distinguished in Predicting Psychological Adjustment," *Personality and Individual Differences* 31 (2001): 555–62. Sonja Lyubomirsky and others, "The Benefits of Frequent Positive Affect: Does Happiness Lead to Success," *Psychological Bulletin* 131, no. 6 (2005): 803–55. doi:10.1037/0033-2909.131.6.803.

7 Barbara Fredrickson, "What Good Are Positive Emotions?" *Review of General Psychology* 2, no. 3 (1998): 300–19.

8 Michael Cohn and others, "Happiness Unpacked: Positive Emotions Increase Life Satisfaction by Building Resilience," *Emotion* 9, no. 3 (2009): 361–68. Barbara Fredrickson, "The Role of Positive Emotions in Positive Psychology: The Broaden-and-Build Theory of Positive Emotions," *American Psychologist* 56, no. 3 (2001): 218–26.

9 Aaron Beck and others, *Cognitive Therapy of Depression* (New York: Guilford Press, 1979).

10 Beck and others, *Cognitive Therapy of Depression.*

11 Siegel, *The Developing Mind,* 2nd ed.

12 Beck and others, *Cognitive Therapy of Depression.*

13 David Burns, *The Feeling Good Handbook,* revised edition (New York: Plume, 1999).

14 Beck and others, *Cognitive Therapy of Depression.* Burns, *The Feeling Good Handbook.* Albert Ellis and Russell Grieger, *Handbook of Rational-Emotive Therapy* (New York: Springer, 1977).

15 Burns, *The Feeling Good Handbook.*

16 Porges, "Neuroception."

17 McEwen and Lasley, *The End of Stress*.

18 Gilbert and Procter, "Compassionate Mind Training."

19 Gilbert and Procter, "Compassionate Mind Training."

20 Kristin Neff, *Self-Compassion: The Proven Power of Being Kind to Yourself* (New York: HarperCollins Publishers, 2012).

第7章／說出真實的心聲

1 Siegel, *The Developing Mind,* 2nd ed.

2 Siegel, *The Developing Mind,* 2nd ed.

3 Pauline Rose Clance, *The Impostor Phenomenon: Overcoming the Fear that Haunts Your Success* (Atlanta: Peachtree Publishers, Ltd., 1985).

4 Siegel, *The Developing Mind,* 2nd ed. Siegel and Bryson, *The Whole-Brain Child.* Siegel and Hartzell, *Parenting from the Inside Out.*

5 Allen Ivey, and others, *Essentials of Intentional Interviewing: Counseling in a Multicultural World,* 3rd ed. (Boston: Brooks-Cole/Cengage Learning, 2015).

第8章／療癒過去，走出悲傷

1 Mary Morrissey, "Developing Persistence" (presentation, Pinnacle Training Event, Los Angeles, CA, January 2016).

2 Siegel, *The Developing Mind.*

第9章／提高自信與情緒復原力

1. "Resilient," Dictionary.com Unabridged, Random House, Inc., ac-

cessed March 12, 2018, http://www.dictionary.com/browse/ resilient.

2. Barbara Frederickson, "The Value of Positive Emotions: The Emerging Science of Positive Psychology Is Coming to Understand Why It's Good to Feel Good," *American Scientist* 91 (2003): 330–35.

3. Deborah Khoshaba and Salvatore Maddi, *Resilience at Work: How to Succeed No Matter What Life Throws at You* (New York: Amacom, 2005).

4. Carol Dweck, *Mindset: The New Psychology of Success,* updated edition (New York: Penguin Random House, 2007).

5. Angela Duckworth, *Grit: The Power of Passion and Perseverance* (New York: Scribner, 2016).

6. Barbara Frederickson, "The Role of Positive Emotions in Positive Psychology: The Broaden-and-Build Theory of Positive Emotions," *American Psychologist* 56 (2001): 218–26.

7. Frederickson, "The Value of Positive Emotions."

8. Barbara Fredrickson, "Cultivating Positive Emotions to Optimize Health and Well-Being," *Prevention & Treatment* 3 (2000): 1–25. Khoshaba and Maddi, *Resilience at Work.*

9. Lisa Firestone, "Are You Hardy Enough? How Being Your Real Self Helps You Deal with Stress," *Psychology Today Blog,* August 27, 2012, https://www.psychologytoday.com/us/blog/compassion -matters/201208/are-you-hardy-enough. Frederickson, "The Role of Positive Emotions."

10. Dweck, *Mindset.*

11. Duckworth, *Grit.*

12. George Bonanno, "Loss, Trauma, and Human Resilience: Have We

Underestimated the Human Capacity to Thrive After Extremely Adverse Events?" *American Psychologist* 59 (2004): 20–28. George Bonanno and others, "Resilience to Loss and Potential Trauma," *Annual Review Clinical Psychology* 7 (2011): 511–35.

13. Morrissey, "Developing Persistence."
14. Joe Dispenza, "Transformational Possibilities" (keynote, Association of Transformational Leaders Annual Meeting, Ojai, CA, March 2018).
15. Dispenza, "Transformational Possibilities."

第10章／活出真實的自己

1 Mary Morrissey, "DreamBuilder Live with Mary Morrissey" (training, Mary Morrissey, LifeSOULutions That Work, LLC., Los Angeles, CA, January 2014).

2 Mihaly Csikszentmihalyi, *Flow: The Psychology of Optimal Experience* (New York: Harper Perennial Modern Classic, 2008).

3 Mary Morrissey, "Life Mastery Consultant Certification" (training, Morrissey Life Mastery Institute Training, Los Angeles, CA, March 2017).

4 Brendon Burchard, *High Performance Habits: How Extraordinary People Become That Way* (San Diego: Hay House, 2017).

5 J.J. Virgin, "The Miracle Mindset" (keynote, Mindshare Summit Annual Meeting, San Diego, CA, 2016).

6 Morrissey, "DreamBuilder Live with Mary Morrissey."

7 Dan Sullivan, "Addressing the Gap" (Presentation, Mindshare Summit Annual Meeting, San Diego, CA, 2016).

國家圖書館出版品預行編目資料

黃金 90 秒情緒更新：頂尖心理學家教你面對情緒浪潮，化不愉快為真正的自由與力量 / 瓊恩．羅森伯格作; 鄭百雅譯．-- 初版．-- 臺北市：三采文化股份有限公司，2021.05
面； 公分．-- (Spirit；29)
譯 自：90 seconds to a life you love：how to master your difficult feelings to cultivate lasting confidence,resilience,and authenticity.

ISBN 978-957-658-512-8(平裝)

1. 情緒管理 2. 生活指導 3. 自我實現

176.52   110002767

@ 封面圖片提供：
kostins / Shutterstock.com

suncolor
三采文化集團

Spirit 29

黃金 90 秒情緒更新：
頂尖心理學家教你面對情緒浪潮，化不愉快為真正的自由與力量

作者｜瓊恩・羅森伯格 Joan I. Rosenberg　　譯者｜鄭百雅
企劃主編｜張芳瑜　　特約執行主編｜莊雪珠
美術主編｜藍秀婷　　封面設計｜池婉珊　　內頁排版｜曾綺惠　　校對｜黃薇霓

發行人｜張輝明　　總編輯｜曾雅青　　發行所｜三采文化股份有限公司
地址｜台北市內湖區瑞光路 513 巷 33 號 8 樓
傳訊｜ TEL:8797-1234　FAX:8797-1688　　網址｜ www.suncolor.com.tw
郵政劃撥｜帳號：14319060　戶名：三采文化股份有限公司
本版發行｜ 2021 年 5 月 28 日　定價｜ NT$450

90 SECONDS TO A LIFE YOU LOVE: How to Master Your Difficult Feelings to Cultivate Lasting Confidence, Resilience and Authenticity
Copyright © 2019 by Joan I. Rosenberg, PhD
Complex Chinese edition copyrights © 2021 by Sun Color Culture Co., Ltd.
This edition published by arrangement with Little, Brown and Company, New York, New York, USA.
through Bardon-Chinese Media Agency.
博達著作權代表有限公司
All rights reserved.